农村幼儿园课程与资源系列丛书

主编　尹坚勤

副主编　周　联　王　艳

该系列丛书获得江苏省高校“青蓝工程”资助

Curriculum and Resorces for Rural Kindergarten

农村幼儿园课程与资源

语言

卢素芳　张　云　编著

图书在版编目（CIP）数据

农村幼儿园课程与资源. 语言 / 尹坚勤主编. —南京：南京师范大学出版社，2019. 4

（美丽乡村. 农村幼儿园课程与资源系列丛书）

ISBN 978 - 7 - 5651 - 3985 - 7

Ⅰ. ①农…　Ⅱ. ①尹…　Ⅲ. ①语言教学—学前教育—教学参考资料　Ⅳ. ①G613

中国版本图书馆 CIP 数据核字(2018)第 299614 号

书　　名	农村幼儿园课程与资源·语言
丛 书 名	美丽乡村——农村幼儿园课程与资源系列丛书
丛书主编	尹坚勤
丛书副主编	周　联　王　艳
分册编著	卢素芳　张　云
责任编辑	张　莉
出版发行	南京师范大学出版社
地　　址	江苏省南京市玄武区后宰门西村 9 号(邮编:210016)
电　　话	(025)83598919(总编办)　83598412(营销部)　83598297(邮购部)
网　　址	http://press.njnu.edu.cn
电子信箱	nspzbb@163.com
照　　排	南京理工大学资产经营有限公司
印　　刷	江阴金马印刷有限公司
开　　本	787 毫米×1092 毫米　1/16
印　　张	12
字　　数	235 千
版　　次	2019 年 4 月第 1 版　2019 年 4 月第 1 次印刷
书　　号	ISBN 978 - 7 - 5651 - 3985 - 7
定　　价	33.00 元
出 版 人	彭志斌

《农村幼儿园课程与资源·语言》
编委会

丛 书 主 编：尹坚勤

丛书副主编：周　联　王　艳

语言分册编著：卢素芳　张　云

编　　　委：顾红云　刘　霞

展益华　周　骏

总 序

建设美丽乡村源自"美丽中国"的全新概念,强调尊重自然、顺应自然、保护自然的生态文明理念。事实上,农村地域和农村人口占了中国的绝大部分,"加强农村生态建设、环境保护和综合整治工作,顺应了人民群众追求美好生活、提高幸福感和满意度的新期待"(2013 年中央一号文件)。新时代我国理政治国策略指出,"绿水青山,就是金山银山",要求"农村要留得住绿水青山,系得住乡愁"。美丽乡村建设的内核是乡村的生态文明和文化和谐发展、持续发展,城乡协调发展,"系得住乡愁",就是要尽最大可能切实保护好乡村原有社会与自然生态。农村幼儿园的教育功能和文化功能就是要让优秀的传统鲜活起来,让承载着乡村的乡音、乡土、乡情以及古朴的生活,成为一种人们更加珍惜的生活与生长恒久的价值和传统。

一、农村幼儿园课程活动资源的重要价值

中国美丽乡村的文化底蕴深厚,源远流长。儿童生活在乡村地域环境,浸润着特定的传统历史文化习俗,大自然在养护孩子的"智慧与灵性"等方面有着无法比拟和替代的作用。大自然是孩子们最好的生态游戏场所,遵从农村自然环境,扎根于乡土文化的土壤,让孩子们充分体验和感受现代文化和地方传统文化的真谛,让孩子们在自然环境中释放本真,尽情游戏,健康发展,快乐成长!为乡村儿童提供在家门口的、有质量的受教育机会,正是农村学前教育之本义体现,也是"美丽乡村"建设重要的文化本源内容。

然而,目前农村幼儿园课程活动的现状是:幼儿教师生态教育观念淡薄,课程内容"城市化""小学化"倾向严重,远离乡村生活,传统文化和乡土文化荡然全无。尤其是课程资源缺乏与不适用、教研支持不足等诸多方面原因,导致农村幼儿园教师专业水平偏低、教育教学质量偏低成为普遍现象。因而,提供适宜的幼儿园课程活动与资源是提高农村幼儿园教育质量迫在眉睫的重要议题。

本丛书的目的在于让农村幼儿园教师有一套量身定制的、真正适合乡村幼儿园的课程活动资源手册,为处于乡村偏远地区的村办幼儿园教师提供实用的清单式分

层教育案例和课程活动资源，满足部分混龄班级所需，体现“美丽乡村”之生态背景下的幼儿园教育价值，同时展示农村幼儿园的文化传播、文明建设的拓展性社会价值。

二、农村幼儿园课程活动资源的文化核心

美丽中国要靠美丽乡村奠定基础，良好的生态环境和村容村貌既是美丽乡村的外在表现，也直观反映了农村文明程度，更为传承和保护优秀传统民俗文化提供了条件，使淳朴敦厚的乡风、敦亲睦邻的生活方式、融洽祥和的社区氛围，潜移默化地影响着人们的价值取向和道德观念。瓜田屋下，乡情农俗在人们的交际与生活中留存着乡村般的温情与绿色。守卫乡村幼儿教师岗位职责，守护乡村幼儿园的发展与建设，辛勤耕耘、默默奉献，坚定地守望乡村儿童的健康发展，成为众多乡村幼儿园教师心灵深处的自觉选择和期望。农村幼儿园的小课程，也必然促进乡村文化的大发展、大繁荣。

乡村传统文化与现代教育理念的多维镶嵌性是“美丽乡村——农村幼儿园课程资源手册”体现的课程文化特色。乡村幼儿园与社区之间的关系有着天然的渗透性，与周围自然环境和社区文化紧密交织，基于儿童经验、生活经验的乡村幼儿园课程活动也就有着不同的小镇与村落经验，是在构建一种充满旺盛生命力的自然课程生态环境，朴实而丰满；是真实的幼儿互动、师幼互动、人物互动、人与环境互动的展现；是儿童与教师合作实践的活动。

乡村广饶的户外提供了更大的课程活动空间与温暖的创造自由空间，提供了更多的感性素材，幼儿有了更多的不可预见性活动，教师也就有了更多的开放性任务。教师的角色是支持儿童的发展，帮助儿童探究发现并找到自己在生活环境中的价值，找到自己在周围世界中的价值，尤其是在美丽的乡村世界里的价值。

儿童心灵的种子种植于自然的土壤，就会健康而快乐；种植于乡村文化的土壤，就会美丽而灵动。本丛书关注从乡土文化背景中汲取素材和灵感，适应农村儿童天然的生活方式和样态，导向教育回归幼教本真，回归儿童本色，让儿童得到内在天性与外在自然完整统一的成长，提高农村学前儿童的成长体验幸福感以及家长对于学前教育的满意度。

三、农村幼儿园课程活动资源的基本要素

大自然是一个丰富的物质世界，农村的孩子生在其中，长在其中，对周围的一年四季形态质地各异的自然物有着直观、形象的认识。在与这些自然环境和物品的互动中，每天产生着新的认识与深刻的理解，乡村自然生活环境培养了他们动手动脑的

能力，活泼好动的天性，更加重要的是培养了他们寻源乡土特色教育资源的愉快情绪，以及养成了他们对自然的兴趣与热爱。

挖掘与利用富有地方特色的幼儿园课程资源的目的，不仅在于形成独具特色的乡村课程，使幼儿园课程建设趋向乡土化、个性化、园本化，也有利于扩展农村幼儿的生活和学习的空间，丰富他们的生活内容、探究经验和成长经验，让他们成为乡村环境中的小主人。

要素之一：乡土与田园。整合运用丰厚的自然资源和乡土文化资源作为导向性的教育资源。针对问题，从幼儿发展需要出发，开发利用农村教育资源，形成丰富的乡土课程。支持幼儿园追随新时代美丽乡村生活，分享自然生态环境中生活与成长的快乐，揭示新时代乡村儿童本质化、传统化和现代化的特质。

要素之二：家庭与村落。卷入儿童、教师、家长、农村社区人员与乡民，共同成为课程的实施主体。他们是行走在自然田野上的课程践行者，他们奔走在农村、街道、社区与村落，既是课程的实施者，也是共同的课程受益者。

要素之三：自然与生活。课程实施追随真实的自然环境，更尊重幼儿生命中个体的自然天性，体现“儿童立场”“自然立场”与“生活立场”。让幼儿自由自在地玩泥巴、玩水、玩石头、玩树叶……在参与做豆腐、做米糕等活动过程中，感受着这些自然材料与人文民俗的魅力和特点，感受着自己的探索以及与之产生的关系，感受着春夏秋冬的自然变换对人们生活的不同影响，从小树立尊重自然、保护环境的生活态度。

四、农村幼儿园课程活动资源的课程架构

课程以综合主题的形式展开，每个主题活动包括经典教育案例，相关领域的渗透活动建议，以及适宜开展的生活拓展活动，三者之间有机整合、相互渗透、相互支撑。关注目标与活动方式对农村儿童的适宜性，以儿童体验、感受、操作、探究等直接经验的获得为主要课程路径，让乡村儿童走进自然，了解生活；感受自然，体验生活；探索自然，创造生活。乡村儿童蕴含着无限的发展可能性，他们是有能力的学习者，是主动的学习建构者，儿童的学习有100种。

课程理念：体现乡村生活与自然教育理念。课程是促进儿童个体与乡村文化发生链接和不断互动的过程。乡土特色资源既是知识教育资源，更是一种情感教育资源，“润物细无声”般地自然育儿童身体，博爱启其智慧，美丽润其性格。

课程目标：考虑对象的混龄特点，给出目标的层次性建议。关注乡村儿童生活经验的均衡性与适宜性，让幼儿在观察、关注、体验、探索自然的过程中，逐步体悟大自然中的万事万物，使幼儿真正能够懂自然、惜自然、爱自然、护自然，成为自然环境中

健康成长的快乐儿童,成为乡村农庄的孩童、小农人与小主人!基于"一日生活皆课程"和"游戏是基本的活动形式"的理念,关注农村儿童生活经验的均衡性与适宜性,使幼儿处在心理自由和心理安全的良好环境中,充分自主游戏与学习,健康发展与成长。

课程内容:以季节为序,以二十四节气特征为课程线索,关注内容的整合性及逻辑性,注重活动与活动之间、经验与经验之间的逻辑线和螺旋式衍生。活动内容尽量来自幼儿的生活,在真实的生活场或具有一定真实性的实习场中开展活动。活动主题既有以物质条件为中心的线性开发,如粽叶和粽子、花生、山芋、蚕等,也有以人文资源为依托的发散性开发,如清明节、端午节、元宵节、乡村建筑与道路等。

节气与传统节日丰富多彩,幼儿体验感知四季神奇的循环往复,亲自动手创设美好的环境,对节气和节日活动产生浓厚的兴趣,留下深刻的印象,获得乡村生活活动的深刻体验,更增添了对生活的热爱和激情。

课程组织形式:课程的实施基于"一日生活皆课程"和"游戏是基本的活动形式"的教育理念。每个领域以学科为主要实施载体展开综合主题活动(社会实践),设计相应的游戏活动(户外与区域)、家园和社区的合作活动。尤其是运用了较多的户外活动场域开展自然探索与体验活动,充分发展幼儿个性化的自主游戏与学习。丰富的农村自然资源使建构活动蕴藏了更多智慧和活力,熟悉、充足的材料能引发幼儿丰富的思维活动,给幼儿带来更多的灵感和领悟。开展大量幼儿既熟悉又喜欢的颇具生活气息的户外活动和民间游戏,不仅仅促进了幼儿身体技能的协调发展,还培养了他们初步的自我保护能力、坚强勇敢的品质和合作精神。

建议教师在具体运用时,能够把握因地制宜原则,注意两个方面的视角关注。

第一,关注课程活动的层次性与自主性。考虑农村幼儿园发展水平的差异性与部分村办园的混龄特点,每一个活动主题在整体逻辑关系设计的同时考虑多种实际需求的弹性空间,每个主题提供了具体的集体教学活动案例清单供教师根据实际需求选择使用,提供层次性建议与备选素材供教师参考,同时,在领域渗透和活动拓展部分留有较大的户外实践和生活活动空间,供幼儿园与教师自主开发园本特色的课程活动。

第二,关注课程资源的乡村性和本土性。根据农村幼儿园户外活动场地大和幼儿的身心发展特点,选择许多颇具生活气息又风采各异的节气、节庆与民间游戏等活动资源,这些幼儿既熟悉又喜欢的民间风俗资源使建构活动蕴藏了更多智慧和活力,能引发幼儿丰富的思维活动,带来更多的乡村灵感和领悟。课程活动过程中真实的生活和自然环境,让农村幼儿园的课程活动充满乡村味又不失现代气息,散发出诱人的乡土自然魅力，体现生态文明之“美丽”，乡村资源之“美丽”和我的家乡之“美丽”。

本丛书的编写团队也充分体现出江苏学前教育丰富资源的整合与优化。其中，有五位特级教师带领的骨干团队，有高校与幼儿园组成的教师发展共同体团队，也有农村幼儿园基层教师，还有认真而专业的编辑人员。所有的参编人员都怀有一种共同而高度一致的教育信念，关注农村学前教育，关爱乡村儿童，为教育资源的城乡均衡发展尽一份力量。在此一并感谢由“美丽乡村”之乡村情怀、人文情怀与社会情怀引发而聚力的这支编写团队。

江苏第二师范学院 尹坚勤

2017. 12

目　录

小　班

中　班

大 班

领域说明

“摇啊摇，摇到外婆桥，外婆叫我好宝宝。糖一包，果一包，还有汤团和年糕……”夏夜的农家小院，奶奶摇着蒲扇，一边轻拍着小孙子，一边似唱非唱地哼着久远的童谣。这一幕，成了多少代人温馨的回忆。然而近年来，随着乡村居住环境的城镇化，同时也由于儿童抚养的隔代化，幼儿不仅与同伴语言交往的机会大为减少，与年迈抚养者的语言交流机会也呈现出下降趋势。幼儿园里，一些农村教师认为，语言教育就是讲讲故事，念念儿歌，组织语言教育活动的形式单一，方法陈旧，教学模式小学化倾向严重，基本忽视幼儿的兴趣、交往的需要和情感的体验，在很大程度上仍停留在“重灌输轻兴趣、重形式轻表达”的基础上，在语言环境的创设上也浮于表面。因此，农村幼儿的语言能力与城市幼儿相差甚远。具体表现在：羞于表达，词语贫乏，语言的完整性、连贯性、流畅性欠缺等。

乡村有着得天独厚的语言资源：春天，万物复苏，百花齐放；夏天，瓜果初成，形状各异；秋天，五谷丰登，硕果累累；冬天，万物萧条，白雪茫茫。这些，就在幼儿生活的环境之中，特别是家禽、家畜、蔬菜、农作物和野生的动植物等，这些真实的、形象的、生动的资源不仅符合幼儿亲近自然的天性，而且能极大地调动他们表达的欲望。

另外，中国文化悠久，文化遗产极为丰厚，农村中还存在着大量的非物质文化，这些内容多数以口头传承的形式存在，其中儿歌、童谣、谚语、俗语、顺口溜、谜语等内容浅显、朗朗上口；神话、传说、民间故事等绘声绘色、通俗易懂，所涉及的一些事物与幼儿周围的环境相符或相似，幼儿很容易理解、学习。这些内容不仅可以丰富幼儿的语言，还可以激发其想象力和创造力。

“美丽乡村”语言课程资源的开发和利用，试图为乡村教师提供切实可行且操作性强的语言学习内容，使幼儿园课程乡土化、个性化、多样化以及低成本化，同时有利于扩展幼儿生活和学习空间，使幼儿园课程进一步贴近生活、贴近大自然，使幼儿在提高语言能力的同时，增强对自然和社会的感知和了解，传承和发展农村本土文化。

农村幼儿园教师在运用本书时，应注意以下几个问题：

1. 走入田野，让乡村场景形象化。

本书中，“秋姑娘对我说”“我和动物的故事”“春天的童话”“丰收茶话汇”“冬爷爷的信”“夏夜里的悄悄话”等主题，都是力图从家门口的动植物和自然现象入手，引发幼儿对周围环境的自主讨论和表达。使用本书的教师，应带领幼儿走进田野，让他们在亲眼看、亲手摸、亲耳听的过程中感受四季不同的风景，引导他们将自己的发现用语言进行表述，让他们在现场感受儿歌和故事的韵律美和情景美。有些学习内容可以根据现场场景改编或创编，不用拘于形式，重要的是要鼓励每个幼儿都能大胆表达所见所闻。

2. 引入乡音，让语言资源本土化。

人们常说：“百里而异习，千里而殊俗。”每个地方的方言俗语、民间故事都不尽相同。本书中的“有趣的童谣”“听爷爷奶奶讲那过去的事情”等主题，笔者是以江苏地区(可能范围更小)为例的。使用者应考虑实际情况，灵活利用课程中活动形式，引入本地区乡音乡情，让语言资源本土化、实用化。同时，对更地道的乡音，祖辈家长更有话语权。因此，加强祖辈、父辈和幼儿之间的交流，也是本书重要的目标之一。

3. 融入经典，让前人智慧浅显化。

古诗和谚语是千百年来传承下来的智慧结晶，因语句短小、节律优美、朗朗上口而深受人们喜爱和传诵。本书中“赏古诗”“农民伯伯的谚语”等主题，使用者应以浅显的语言引导幼儿欣赏其中的意境和含义，萌生对民间传统文化的兴趣，体验古人的智慧与辛劳，而不是仅仅满足于让幼儿进行背诵和记忆。受篇幅限制，本书只是搜集了很少的一部分经典内容，使用者可以根据本地区流传古诗词和谚语的宽度和广度，在各年龄段丰富相关内容。

4. 介入生活，让一日活动趣味化。

本书收集的“好玩的语言游戏”“我和动物的故事”等主题中，如“唐僧骑马咚那个咚”“小老鼠上灯台”可在一日活动的间隙环节时趣味进行，“你说我猜”“词语接龙”可在专门的语言活动中挑战难度……这些，都可让幼儿的一日活动更具游戏性和趣味性。同时，所有的语言活动都可以与别的教育活动、区域活动相结合，如在科学活动中，可进行有关节气的时间和特征记录；在表演区，可进行儿歌、童话的表演活动；在美工区，可进行动物和蔬菜形象的绘画和塑造等等。希望农村教师能创造性地使用本书，并对本书提出建议。

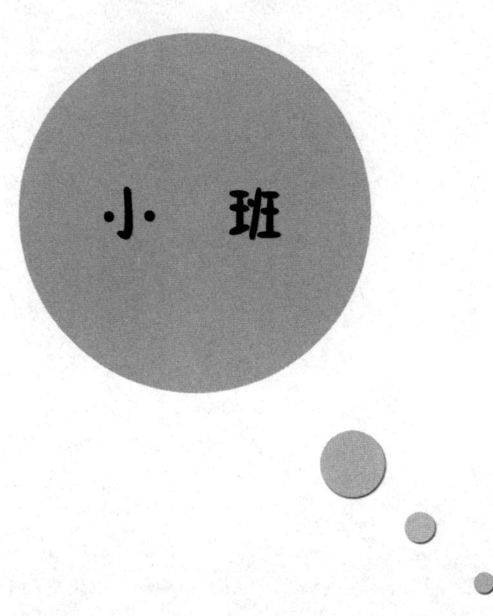

小班

主题一：秋姑娘对我说

（小班·上）

第一部分：主题背景及目标

（一）主题背景

秋天是收获的季节。果园里，红彤彤的苹果、黄澄澄的梨、紫莹莹的葡萄，五彩缤纷、果香四溢；田野里，水稻金黄、豆子饱满，一派丰收的景象；树林里，叶子有的变黄，有的变红，摇曳飘落，如同一只只彩色的蝴蝶。这鲜活而真实的秋意，让人欣然沉醉。

小班幼儿正处于语言发展的关键期，他们年龄小、词汇量少，表达也不够清晰完整。秋天飘香的果实、斑斓的落叶等都是他们的兴趣所在，为他们提供了极其丰富的语言资源。在教师、家长的陪同下，幼儿走进农田、果园，拾豆豆、拔萝卜、摘水果……把丰收的场景装进趣味十足的故事里，将飘香的果实编入朗朗上口的儿歌里，让幼儿初步感受儿歌的韵律美，尝试仿编儿歌和表演故事，激发他们运用语言的兴趣，体验语言交流的快乐。

（二）主题目标

1. 引导幼儿初步感受秋天季节的变化，鼓励他们学习用简单、完整的语句描述事物的外形特征。

2. 激发幼儿学念儿歌的兴趣，引导幼儿用替换词语的方式尝试进行儿歌仿编。

3. 帮助幼儿理解故事内容，学说主要对话，鼓励他们根据故事情节进行简单的表演。

4. 和幼儿一起观察秋叶飘落的情景,激发他们对树叶飘落现象的兴趣和探究欲望,鼓励幼儿用语言和身体动作表现树叶飘落的样子。

（三）关键经验

喜欢念儿歌、听故事,初步尝试仿编儿歌和学说故事中的对话,能用语言和动作表达对秋天的喜爱之情。

（四）核心词汇

落叶纷飞、瓜果飘香、丰收、采摘、愿意交流、尝试表达。

第二部分：资源准备

（一）经验准备

认识秋天常见的水果、花卉、豆子等,知道它们的名称,能用简单的语言描述其颜色、形状等外形特征。

（二）材料准备

收集多种秋季瓜果、落叶、农作物的实物或照片。

（三）社区与家长资源

请家长带孩子一起走进农田、果园,感受丰收的景象;收集各种瓜果,为园内"瓜果节"做准备;收集秋天的落叶、农作物、花卉等实物;收集与秋天有关的儿歌、故事、图书等资料;和孩子一起完成调查表《秋天还有什么》;制作《我的水果书》。

第三部分：领域渗透

（一）户外实践活动

1. 采摘水果。

参观果园,和孩子一起帮助果农采摘,认识秋天常见的水果,如苹果、梨子、橘子等,感受果园硕果累累的景象。

2. 走进田野。

(1) 参观秋收景象:走进农田,认识秋天成熟的农作物,感受秋天的丰收景象。

(2) 拾豆豆:认识几种常见的豆子,学习耐心地捡拾掉落田中的豆子。

(3) 拔萝卜:认识萝卜的基本外形特征,并能用简单、完整的语言描述,愿意和同伴一起拔萝卜,体验劳动的乐趣。

3. 捡落叶。

走进树林,引导幼儿发现秋季树叶的变化,捡拾不同形状的落叶,感受大自然的美好,体验集体活动的快乐。

(二) 健康领域

1. 小刺猬运果果:在“运果果”的情境中练习手膝着地爬,锻炼手脚协调能力,萌发初步的规则意识,体验运动的快乐。

2. 穿越小树林:在穿越“小树林”的过程中练习钻、跑、绕障碍物走的能力,锻炼动作的协调性和灵活性。

(三) 社会领域

花儿好看我不摘:喜欢观赏花,能说出两三种秋天常见花卉的名称,懂得爱护花朵,知道花儿好看但不能摘。

(四) 科学领域

1. 小树叶找妈妈。

认识树叶的不同形状和颜色,初步学习观察、对应和比较,将树叶进行分类和匹配。

2. 请你猜猜我是谁。

根据水果局部的图片猜测、寻找相应水果的整体图,学习部分和整体的匹配。

（五）艺术领域

1. 扫落叶：能随乐用简单的肢体动作学小树叶飘落、飞舞的样子；初步尝试根据音乐的变化表现“树叶飘落”“扫落叶”等游戏情景，感受音乐游戏带来的愉悦。

2. 拔萝卜：对歌唱活动感兴趣，能理解歌曲内容，并用自然的声音演唱。

3. 秋天的水果：尝试用油画棒在轮廓线内涂色，或用撕贴的方式装饰水果，表现秋天不同的水果，体验自由创作的乐趣。

第四部分：一日活动拓展

（一）学习环境

1. 墙面日记。

(1)“我们找到的秋天”。主要呈现幼儿在本主题中的活动轨迹，展示美工区中的作品以及幼儿和家长共同制作的《我的水果书》，丰富幼儿对秋天蔬果的感性认识。通过照片、实物等形式，呈现幼儿摘果果、拾豆豆、拔萝卜的活动过程，进一步增强幼儿对秋天的感受。

(2)“秋天还有什么”。展示幼儿和家长一起制作的调查表《秋天还有什么》，拓展幼儿对秋天的感性经验，如秋天的动物（螃蟹）、秋天的花卉（菊花、一串红）等方面的内容，进一步激发幼儿感知秋天特征的兴趣。

2. 调查表《秋天还有什么》。

（二）区域活动

1. 阅读区。

(1) 收集适合小班幼儿阅读的秋天书籍，如绘本《落叶跳舞》，鼓励和支持幼儿结合图书来认识秋天，了解秋天气候的变化、动植物的变化和人们的变化。

(2) 将幼儿的活动照片投放在阅读区，鼓励幼儿对照片进行简单描述。

2. 生活区。

(1) 舀花生：提供小勺、小碗、花生等，供幼儿玩舀花生的游戏，锻炼手腕的控制能力。

(2) 剥橘子:提供橘子和小碗若干,学习剥橘子,品尝橘子的味道。

3. 美工区。

(1) 小刺猬背果子:用彩泥、土豆和牙签做小刺猬,学习搓果子装饰小刺猬。

(2) 花儿朵朵开:投放画有花朵轮廓的画纸,丝瓜络,报纸,颜料,排笔等,用印画的方式装饰花朵。

(3) 树叶的新衣裳:提供颜料、排笔、落叶等,用自己喜欢的颜色给树叶涂色。

4. 科学区。

(1) 提供放大镜以及自然角中种植区的小麦、蚕豆、水培植物等,观察叶子的生长。

(2) 投放胡萝卜、青菜、小虫等,鼓励幼儿喂养饲养区的小兔子、小乌龟等,培养他们饲养的兴趣,萌发爱护小动物的情感。

(3) 提供装有核桃、花生、芝麻等不同果实的薯片罐供幼儿把玩,通过薯片罐发出的不同声音,猜测里面的果实。

5. 建构区。

"农家小院":提供各种纸盒,引导幼儿用垒高、围合的方式搭建简单的农家小院和围墙。

6. 表演区。

(1) 提供头饰、皱纹纸、彩带等,引导幼儿跟随音乐表演秋叶随风舞动的情景。

(2) 提供故事《拔萝卜》的相关道具,鼓励幼儿尝试表演。

(三) 生活环节

1. 点心时间:将儿歌《数豆豆》进行改编,在喝红豆粥之前念一念,既可以结合实物巩固所学儿歌,又可避免消极等待。

2. 种植时间:在种植园里拔萝卜的时候,可以借助故事《拔萝卜》,引导幼儿模仿故事中的情景。

3. 散步时间:和幼儿一起念念秋天的儿歌,观察幼儿园里树木的变化,看一看、说一说秋天的花,找一找、挖一挖秋天的果实。

（四）家园共育

1. 建议家长充分利用家庭周边的乡村自然资源，多带孩子到户外活动，感受秋季的季节特征。

2. 和孩子一起到田野中拾豆子或捡稻穗，体验劳动的乐趣。

3. 请家长向孩子介绍一些农村秋季的风俗，以及自己儿时在农村的逸闻趣事。

4. 邀请家长和孩子一起挖红薯，然后洗净、蒸熟、品尝，体验成功的乐趣。

5. 请家长协助，和孩子共同制作《我的水果书》，完成调查表《秋天还有什么》。

第五部分：资源菜单

（一）经典案例

1. 数豆豆（儿歌）

活动目标

1. 通过猜猜、看看，比较黄豆、红豆、绿豆的异同，并说出其特征。

2. 在学习儿歌的基础上，尝试用词语替换的方式仿编。

3. 能积极参加活动，在语言游戏中体验互动的快乐。

活动准备

1. 知道生活中有许多圆溜溜的豆豆，如黄豆、红豆、绿豆等。

2. 小盒子一个，黄豆、红豆、绿豆若干。

活动过程

1. 猜一猜、看一看，激发兴趣。

● 出示小盒子，猜一猜。

教师：这是什么？猜猜里面装的是什么？

幼儿摇一摇、摸一摸、猜一猜，鼓励幼儿大胆参与活动。

● 观察豆豆的样子，说一说。

教师：这些豆豆是什么样的？什么颜色？你们知道这些豆豆叫什么名字吗？

幼儿观察、分辨黄豆、红豆、绿豆的不同之处。

2. 多种形式，学说儿歌。

● 教师念儿歌《数豆豆》。

教师：我们小朋友也都有装东西的小裤兜，看看有几个？

猜猜小裤兜里装了几个豆豆，我们一起来数一数。

● 参与游戏“数豆豆”，回忆儿歌内容。

教师：我刚才是怎么数豆豆的？谁会用儿歌里的话来说一说？

师幼边说儿歌边“数豆豆”。

幼儿分组和豆豆玩游戏，大家一起说儿歌。

3. 创编儿歌，拓展经验。

● 教师把豆豆分类摆放，引导幼儿将儿歌中的“数豆豆”创编成“数红豆”“数黄豆”等。

● 教师：豆豆还可以装进哪里？试一试将它们编进儿歌里。

4. 参与游戏，体验乐趣。

● 教师做“大兜兜”，幼儿做“豆豆”。教师边念儿歌边用食指轻轻点数幼儿，念到儿歌最后一句“装进我的小裤兜”时，教师张开双臂“装”(拥抱)幼儿，大家一起数一数“装”了几颗“豆豆”。

● 教师和配班教师双手搭成一个“大兜兜”，幼儿扮豆豆有序从“大兜兜”下钻过，说到最后一句时，两名教师放下手“装豆豆”，大家数数“装”了几个“豆豆”，说说“装”的是谁。

● 教师和一名幼儿做“大兜兜”，继续游戏。

活动延伸

黄豆、红豆、绿豆可以做成哪些好吃的食品？

附儿歌

数豆豆

一二三四，数豆豆，豆豆豆豆圆溜溜，

五六七八，唉哟哟，装进我的小裤兜。

2. 拔萝卜(故事)

活动目标

1. 理解故事内容，学说主要对话，丰富词汇：拉、拔、帮。
2. 乐意根据故事情节进行简单的表演。
3. 懂得“人多力量大”的道理，体验同伴间相互合作的乐趣。

活动准备

教具：教学挂图一张；背景图一幅；人物图片及大萝卜图片各一张。

表演道具：魔术袋、实物大萝卜各一个；人物头饰各一个。

活动过程

1. 实物导入，激发兴趣。

● 教师：这是什么？这个大萝卜是谁拔出来的呢？我们一起来听听关于“大萝卜”的故事。

2. 理解故事内容，学说简单对话。

● 完整讲述故事后提问。

教师:哪些小动物来帮老爷爷拔萝卜了?

- 根据幼儿回答的内容出示相应图片。
- 教师操作图片再次讲述故事。

教师:老师把小朋友们的话编进了故事里,我们一起听一听吧。

- 学说故事中的简单对话。

教师:老爷爷是怎么喊老奶奶的?谁来学一学?

- 学做"拉""拔"的动作。

教师:他们是怎么拔的?谁会一边说一边做动作?

鼓励幼儿大胆尝试,学习拔萝卜的动作。

3. 表演故事,体验合作乐趣。

- 幼儿自由选择扮演角色。
- 提醒幼儿表演时要表现出老爷爷着急和大家用力的表情。

教师:老爷爷一个人拔不动大萝卜,小动物们都来帮忙,人多力量大,终于拔出了大萝卜!

活动延伸

在表演区提供相关头饰、道具、简单服饰等,供幼儿表演。

附故事

拔萝卜

有一位老爷爷在地里种了个萝卜,他对萝卜说:"长吧,长吧,萝卜啊,长得结实啊!长吧,长吧,萝卜啊,长得大啊!"萝卜越长越大,大得不得了。

老爷爷就去拔萝卜。他拉住萝卜的叶子,"嗨哟,嗨哟"拔不动。老爷爷就喊:"老奶奶,老奶奶,快来帮我拔萝卜!"老奶奶说:"唉!我来了,我来了。"老爷爷、老奶奶一起拔萝卜。"嗨哟,嗨哟"萝卜还是拔不出来。老奶奶喊:"小姑娘,小姑娘,快来帮我们拔萝卜!"小姑娘说:"唉!我来了,我来了。"老爷爷、老奶奶、小姑娘一起拔萝卜。"嗨哟,嗨哟"萝卜还是拔不出来。小姑娘就喊:"小黄狗,小黄狗,快来帮我们拔萝卜!""汪汪汪!我来了,我来了。"老爷爷、老奶奶、小姑娘、小黄狗一起拔萝卜。"嗨哟,嗨哟"萝卜还是拔不出来。小黄狗就喊:"小花猫,小花猫,快来帮我们拔萝卜!""喵喵喵!我来了,我来了。"老爷爷、老奶奶、小姑娘、小黄狗、小花猫一起拔萝卜。"嗨哟,嗨哟"萝卜还是拔不出来。小花猫就喊:"小老鼠,小老鼠,快来帮我们拔萝卜!""吱吱吱!我来了,我来了。"老爷爷、老奶奶、小姑娘、小黄狗、小花猫、小老鼠一起拔萝卜。“嗨哟，嗨哟”大萝卜有点动了，再用力拔呀拔，大萝卜终于拔出来啦！他们高高兴兴地把大萝卜抬回家去了。

3. 水果宝宝去旅行(语言游戏)

活动目标

1. 理解儿歌内容，能初步借助图片讲述儿歌内容。
2. 初步尝试简单地仿编儿歌。
3. 乐意参加语言游戏，体验边念儿歌边玩游戏的快乐。

活动准备

图片、各种水果卡片人手一份。

活动过程

1. 情境导入，激发兴趣。

● 以火车声激发幼儿兴趣，出示图片。

教师：听，这是什么声音？原来是梨子爷爷开着火车准备去旅行啦！

● 教师有节奏地说出儿歌第一句：梨子爷爷开火车，咔嚓咔嚓去旅行。

教师：谁知道咔嚓咔嚓是什么声音？（开火车的声音。）

教师：旅行是什么意思？你们出去旅行过吗？

● 依次观察水果图片，理解儿歌内容，学习儿歌句式 。

教师：梨子爷爷还请了其他水果宝宝一同去旅行呢，我们来看看他请了谁？你会用好听的话请它上火车吗？

● 幼儿讨论、交流。

教师：你们都是懂礼貌的好孩子，会用“请”来邀请水果宝宝上火车吗？

2. 完整欣赏儿歌，理解内容。

● 欣赏儿歌。

教师：梨子爷爷邀请到这么多水果宝宝可高兴了，他编了一首好听的儿歌呢，一起来听一听。

● 学念儿歌。

教师：现在我们看着梨子爷爷开的火车，一起来学学它编的儿歌，好吗？

● 集体朗诵儿歌。

3. 仿编儿歌,学习句式。

● 教师:梨子爷爷的火车后面还有好多车厢空着呢,你还想请其他水果宝宝上火车吗?请你用好听的话来请水果宝宝上火车。

幼儿尝试用“××××上火车,咔嚓咔嚓去旅行”的句式仿编儿歌。

4. 参与游戏,体验乐趣。

● 请幼儿自主选择水果胸卡戴上,看一看、说一说胸卡上水果的颜色、形状等。

● 教师扮演梨子爷爷带领幼儿玩“水果宝宝开火车”的游戏。

教师:现在我来做梨子爷爷,请你们这些可爱的水果宝宝去旅行,我请到的水果宝宝,就赶快上火车哦。

活动延伸

在语言区提供秋天常见花卉的照片,尝试创编“花宝宝去旅行”活动。

附儿歌

水果宝宝去旅行

梨子爷爷开火车,咔嚓咔嚓去旅行。
苹果苹果上火车,咔嚓咔嚓去旅行。
香蕉香蕉上火车,咔嚓咔嚓去旅行。
葡萄葡萄上火车,咔嚓咔嚓去旅行。
咔嚓咔嚓咔嚓咔,水果宝宝去旅行。

4. 片片飞来像蝴蝶(儿歌)

活动目标

1. 理解儿歌内容,知道秋天有许多树叶会飘落。
2. 学习朗诵儿歌,能用肢体动作表现秋叶飘落的美好姿态。
3. 乐意在集体面前表演儿歌,体验表演的乐趣。

活动准备

1. 有户外观察秋天落叶的经验。

2. 儿歌图谱,优美的音乐。

活动过程

1. 谈话导入,引出主题。

● 教师:上次我们去幼儿园旁的小树林里捡落叶,你看到有哪些树叶?

这些树叶是什么颜色的?它们像什么?

树叶是怎样落下来的?谁来学一学小树叶飘落的样子?

2. 欣赏儿歌,理解内容。

● 朗诵儿歌。

教师:小朋友们很能干,收集了许多的树叶。飘呀飘的小树叶还可以编进儿歌呢!

教师朗诵儿歌《片片飞来像蝴蝶》。

● 欣赏后提问。

教师:儿歌里说了些什么?什么颜色的树叶落下来了?它们像什么?

3. 多种形式,学念儿歌。

● 根据图谱,学念儿歌。

● 配合动作,学念儿歌。

4. 表演儿歌,感受落叶飞舞。

●教师:如果你是小树叶,听到音乐你想做什么?

●播放音乐,烘托温馨而愉快的气氛,鼓励幼儿尝试创编动作,表达树叶飘落的情景。

活动延伸

在表演区投放树叶挂件,供幼儿表演儿歌时使用。

附儿歌

片片飞来像蝴蝶

秋风吹，树枝摇，
红叶黄叶往下掉。
红树叶，黄树叶，
片片飞来像蝴蝶。

（二）备选素材

秋天的颜色（儿歌）

谷子说：“秋天是黄色的。”
高粱说：“秋天是红色的。”
棉花说：“秋天是白色的。”
松树说：“秋天是绿色的。”
土地说：“秋天是彩色的。”

（顾凌云，有改动）

秋天到（儿歌）

小树叶，飘呀飘，
飘在空中像小鸟。

小树叶，飘呀飘，
飘到地上睡大觉。

秋天的小路（散文）

秋风吹呀吹，梧桐树、银杏树、白杨树的叶子都变黄了，林间小路上铺满了金色的树叶。

小刺猬走过小路，他在树叶上打滚，窸窣窸窣，像许多小刺猬在路上慢慢散步。

小白兔走上小路，她脱下鞋子，踢踏踢踏，像小姑娘在树叶上跳舞。

小蚱蜢也跳上小路，他在树叶上摇啊摇，吱嘎吱嘎，像躺在摇床上做着美梦。

风儿来了，小动物们挡住风儿："请你别刮走小路上的树叶，树叶的声音多么好听啊！"于是风儿踮着脚尖轻轻地跑过小路。

主题二：我和动物的故事

（小班·上）

第一部分：主题背景及目标

（一）主题背景

走在乡间的小路上，孩子们的脚步常常被憨态可掬的各种小动物勾住。瞧，农家院里成群的母鸡“咯咯哒”地叫着，告诉主人它下蛋了；小池塘里大白鹅伸长脖子唱着歌，小鸭子时而钻到水底，时而露出水面“嘎嘎嘎”地聊天；圈里肥肥的小猪、白白的小羊；田野里的小蚂蚁、蚯蚓、小青虫……都在用孩子们感兴趣的方式诉说着它们的故事。

瑞士著名心理学家皮亚杰认为，幼儿期的孩子，特别是三四岁的孩子普遍存在泛灵心理，他们会把生活中的东西视为有生命、有思想、有意向的个体。所以，这些会跑会叫的小动物自然就成了孩子们的朋友。问问小蚂蚁想吃什么，和温柔的小羊说说悄悄话……小朋友和小动物相谈甚欢。乡间的小动物，就是孩子们的交流伙伴。

美丽乡村里多样的动物种类，给孩子们提供了丰富的话题资源。借助生动有趣的动物故事、朗朗上口的儿歌，孩子们在看看、说说、找找、讲讲的过程中认识常见的动物，尝试运用多种方式表达自己对动物的认识，激发亲近动物、喜欢动物的情感，萌生保护动物的意识。

（二）主题目标

1. 引导幼儿用完整的语句表达对动物的认识，能口齿清楚地朗诵儿歌、学习对话。

2. 鼓励幼儿积极参与和动物有关的活动，大胆讲述乡村生活中自己与动物发生的故事，在模仿、表演等活动中体验语言游戏的快乐。

3. 借助图片、图书等资源，引导幼儿初步感受自然界中人与动物、动物与动物、动物和植物之间相互依存的关系，知道动物是人类的朋友，萌发喜爱和亲近动物的情感。

（三）关键经验

1. 学习儿歌及故事中的对话、句式，通过仿编、表演等方式表达自己对动物的认识。

2. 能用比较连贯的语言表达在乡村生活中自己与动物间的友好故事。

（四）核心词汇

动物、朋友、乡村、故事、词语、句式。

第二部分：资源准备

1. 经验准备。

发动幼儿寻找家里及家附近的动物，说一说它们的名称，能简单描述它们的特征；建议家长和孩子在家饲养一到两种小动物。

2. 材料准备。

搜集小朋友喜爱的动物图书、动物图片和动物卡通头饰等。

3. 社区和家长资源。

请家里饲养动物的家长带着小动物到幼儿园来，与小朋友交流；组织亲子“化装舞会”，大家戴上自制的动物面具，愉快地游戏和舞蹈。

第三部分：领域渗透

（一）健康领域

1. 蚂蚁搬豆：提供沙包、体操垫，幼儿练习双手双膝着地爬行。

2. 动物运动会：模仿小动物练习跑、跳、爬、钻等技能，大胆参与游戏，自编动物模仿操。

（二）社会领域

1. 故事《小猪变干净了》：理解故事内容，知道小朋友要讲卫生。

2. 谈话《爱护小动物》:知道动物是我们的朋友,了解小朋友爱护动物的方式。

(三) 科学领域

1. 养蚕(或小狗、小羊、小兔、小乌龟):观察小动物的生活习性,尝试用画图的方法进行记录。

2. 点数游戏"蚂蚁搬豆":每个幼儿一个袋子,念完儿歌后一边往袋子里装"豆豆",一边计数。总数可以由教师指定,也可以由某个幼儿报出;可以是桌面游戏,也可以在户外结合体育活动进行。

(四) 艺术领域

1. 音乐游戏"小老鼠上灯台":在学习儿歌的基础上,感知歌曲明快的节奏,并能跟着节奏做游戏。

2. 音乐游戏"找小猫":学习歌曲,体验互动模仿游戏的欢乐。

第四部分:一日生活拓展

(一) 学习环境

1. 墙面日记。

(1) 展示各种动物的图片,引导幼儿观察和分类,相互交流关于小动物的知识。

(2) 收集幼儿在家中饲养动物的照片,将幼儿讲述的"我与动物的故事"用文字记录下来,布置在主题墙中。

2. 自然角。

自然角增设饲养区,投放泥鳅、乌龟、蚕等,有条件的可以养小兔子。幼儿轮流担任值日生,在教师的协助下学习照顾小动物,小朋友们可以随时观察、交流。

(二) 区域活动

1. 生活区。

蛋蛋大聚会:提供鹌鹑蛋、鸡蛋、鸭蛋及酱油、醋、沙拉酱等,幼儿学习剥蛋,说说蛋的形状、大小,切成小块后拌适量调料品尝。

2. 美工区。

(1) 小动物的花衣裳:提供穿着各类服装的小动物形象,引导幼儿采用涂色、撕纸贴画等方式装饰小动物的衣裳。

(2) 美丽的贝壳:投放河蚌壳,利用水粉、彩纸等进行装饰。

3. 语言区。

(1) 动物小书吧:提供有关动物的图片、书籍,幼儿可以自由阅读,也可以和同伴相互交流。

(2) 悄悄话小屋:提供各种动物的头饰、手偶、玩具,幼儿可以自由与同伴交谈,也可以借助材料进行角色间的对话交流,尝试创编故事。

4. 建构区。

动物的城堡:提供动物园的图片,引导幼儿观察、讨论,鼓励幼儿尝试用多种材料(如:干草、树枝、牙膏盒、易拉罐等)构建小动物的家园。

5. 益智区。

(1) 动物找朋友:点数配对游戏,帮助动物朋友找到相应数量的圆点、影子或食物。

(2) 小动物排队:提供多种动物图片。

① 幼儿自主操作,为小动物排队,并说说理由。

② 提供操作示意图,引导幼儿按照从大到小或从高到矮等顺序给小动物排队。

6. 娃娃家。

动物宝宝的家:娃娃家里投放“小猪宝宝”“小鸡宝宝”,引导幼儿扮演相应角色的“爸爸”“妈妈”进行游戏。

(三) 生活环节

1. 晨间活动时间,小朋友和教师一起照顾小动物,比如给蚕喂桑叶、给小鱼换水、清理小兔子的家等等。

2. 自由活动时间,小朋友可以去观察小动物,和它说说悄悄话,或者和同伴讨论动物的习性、生长变化,以及其他和小动物有关的话题。

(四) 家园共育活动

1. 请家长协助孩子饲养一种小动物,学习照料小动物,关注它的生活习性和生长变化。

2. 请家长带孩子到养小动物的邻居家或者养殖场参观,和孩子一起收集动物的图片、图书,向孩子介绍一些关于动物的知识。鼓励幼儿到集体中进行展示和介绍。

3. 请家长带着孩子到田野里去寻找昆虫或其他小动物。

第五部分：资源菜单

（一）经典案例

1. 逗蚂蚁（儿歌）

活动目标

1. 学习儿歌，感受儿歌所表现的童趣。
2. 丰富关于“饭”和“菜”的经验，尝试仿编儿歌。
3. 在游戏中体验对话表演的快乐。

活动准备

蚂蚁手偶、头饰；白米饭、炒青菜图片。

活动过程

1. 导入活动，激发兴趣。

● 猜一猜。

教师：小朋友们，今天我们邀请了一位客人，快看看是谁呢？

请配班教师将蚂蚁手偶从门外伸进来。

● 喊一喊。

教师：哦，原来是蚂蚁啊，谁把蚂蚁喊过来？

鼓励幼儿自由表达，大声地喊蚂蚁。配班教师操作，让蚂蚁“爬”进来。

● 想一想。

教师：蚂蚁真有趣，我们来逗逗它吧。想一个什么办法逗蚂蚁来呢？

鼓励幼儿自由讨论，如用小棒、用糖等逗引蚂蚁。

2. 游戏体验，学习儿歌。

● 出示黄米饭和炒青菜图片，逗引蚂蚁。

教师：这是什么？我们用蚂蚁爱吃的黄米饭和炒青菜来逗逗它。

教师利用手偶和图片，一边朗诵儿歌，一边模拟逗引蚂蚁的场景。

● 借助手偶和图片，理解儿歌。

教师：小朋友们，你们愿意一起来逗蚂蚁吗？

鼓励幼儿与蚂蚁手偶互动，学习儿歌。

● 在游戏中体验儿歌。

请小朋友们，你们集体扮演蚂蚁，和教师互动游戏。

在活动室角落里布置"蚂蚁洞"，请两名幼儿扮演蚂蚁躲在"洞"里，其他幼儿逗蚂蚁。

幼儿自由组合，自主分配角色，分别扮演蚂蚁和逗蚂蚁的人，进行互动游戏。

鼓励幼儿为角色配上恰当的动作。

3. 启发想象，创编儿歌。

● 启发幼儿想象并讨论：要请蚂蚁再来做客，还可以准备别的什么食物呢？

鼓励幼儿尝试将新的米饭和菜的名称创编到儿歌里，大家一起念一念，说一说。

活动延伸

1. 鼓励幼儿在家里和爸爸妈妈一起游戏"逗蚂蚁"，并编出新的儿歌。
2. 鼓励幼儿在田埂、屋旁找一找蚂蚁洞，边念儿歌边逗一逗蚂蚁。

附儿歌

逗蚂蚁

蚂蚁来呀来，快快来吃饭。
什么饭？白米饭。
什么菜？炒青菜。
吃不了，怎么办？
哼哟哼哟往回搬。

（童　昌）

2. 鸭妈妈找蛋（故事）

活动目标

1. 理解故事情节和人物形象，学习词语：急急忙忙、慢悠悠、丢三落四。
2. 比较鹌鹑蛋、鸭蛋、鹅蛋、乌龟蛋等不同的特征。
3. 知道做事情要细心，不能丢三落四。

活动准备

1. 故事图片。
2. 实物：鹌鹑蛋、鸭蛋、鹅蛋、鸡蛋等。

活动过程

1. 理解故事情节。

● 教师有感情地讲述故事内容。
教师：故事讲了一件什么事情？故事中有谁？鸭妈妈找到蛋了吗？
鼓励幼儿回忆故事内容，用自己的语言表达对故事的初步理解。
● 出示图片，理解故事内容。
教师：鸭妈妈为什么要去找蛋？她把蛋生在哪儿了？
教师：在草丛里鸭妈妈遇到了谁？她是怎么说的？蛇蛋是什么样的？
幼儿学习词语：急急忙忙，并尝试用表情辅助表现。
教师：鸭妈妈在鹌鹑妈妈家找到蛋了吗？她是怎么说的？鹌鹑蛋是什么样的？
出示鹌鹑蛋，幼儿观察、讨论鹌鹑蛋的外形特点。
教师：在沙滩边鸭妈妈遇到了谁？她是怎么说的？乌龟蛋是什么样的？
幼儿学习词语：慢悠悠，幼儿模仿慢悠悠的动作与表情。
教师：鸭妈妈在回家的路上遇到了谁？她是怎么说的？鹅蛋是什么样的？
出示鹅蛋，幼儿观察鹅蛋的外形特点。
教师：鸭蛋是谁找到的？鸭蛋是什么样的？
出示鸭蛋，引导幼儿观察、比较鸭蛋与鹌鹑蛋、鹅蛋的区别。
教师：你喜欢鸭妈妈吗？为什么？
幼儿学习词语：丢三落四。
● 再次倾听故事录音，进一步理解故事内容和情节。

2. 操作游戏活动。

●“帮动物妈妈找蛋”：为幼儿提供几种动物的蛋，请幼儿把蛋送到贴有动物卡片的箩筐里，回忆已知的卵生动物的名称。

附故事

鸭妈妈找蛋

小黑鸭第一次当妈妈，她要生蛋宝宝了。

她在草丛里生了一个蛋，刚生完蛋，她就急急忙忙找朋友玩去了。

天黑的时候，鸭妈妈才想起要把她的蛋宝宝带回家。

她在草丛里找呀找，看到一堆白白的、小小的蛋，她高兴地说："啊，总算找到我的蛋了。"

鸭妈妈刚想把蛋拿走，没想到旁边游过来一条蛇，说："是谁在动我的蛋？"鸭妈妈吓了一大跳，只好丢下蛋急急忙忙逃走了。

鸭妈妈来到鹌鹑妈妈的家，看到窝里躺着许多蛋宝宝，鸭妈妈说："哎呀，我的宝宝，总算找到你们了。"

鹌鹑妈妈说："这不是你的蛋，这是我生的。你看，我的蛋比你的蛋小，蛋壳上有许多的斑点。"

鸭妈妈来到沙滩边，看到乌龟妈妈用沙把一些圆圆的、小小的蛋盖起来，鸭妈妈急忙叫道："喂，你这是干什么？为什么要把我的蛋藏起来？"

乌龟妈妈笑了，她慢悠悠地说："这是我生的蛋宝宝呀，我的蛋比你的蛋小得多。"

鸭妈妈走呀走，看到白鹅妈妈拿着一个大大白白的蛋走过来，她高兴地迎上前说："白鹅大姐，谢谢你帮我找回了蛋。"

白鹅妈妈说："我可没帮你找蛋，这是我刚刚生的。你看，它是很大的，摸上去还暖暖的。"说着，高兴地捧着蛋回家去了。

鸭妈妈找不到蛋，伤心地回到家里，刚进家门，她就看见桌上放着一个蛋。

鸭爸爸走了出来，说："你看你，丢三落四，幸亏猫妹妹在草丛里玩，帮我们把蛋送回了家。"

鸭妈妈赶紧拿起自己的蛋，看了又看，摸了又摸，说："哦！原来我生的蛋不大不小，是淡青色、椭圆形的呀。"

3. 小老鼠上灯台(儿歌)

活动目标

1. 学说儿歌,感受儿歌的韵律。

2. 能用简单的模仿动作表现儿歌,体验表演的乐趣。

活动准备

图片《小老鼠上灯台》;小老鼠手偶。

活动过程

1. 听音乐,模仿各种小动物。

● 教师:森林舞会要开始了,小朋友们也一起来参加吧。你想扮演哪一种小动物?

提问:刚才你扮演的是什么动物?它是什么样的?

鼓励幼儿用自己的方式表达想表演的动物形象,及时肯定幼儿的想象力。

● 教师:有一首儿歌里也提到了一个小动物,它在干什么呢?我们一起来听一听。

2. 观看表演,学念儿歌。

● 教师:小老鼠到了哪里?它为什么到灯台上去?后来发生了什么?最后它是怎么下来的?

鼓励幼儿大胆表达,尝试用儿歌的句式回答。

● 幼儿看图学说儿歌。

● 教师利用手偶表演,幼儿学说儿歌。

3. 鼓励幼儿创编动作进行表演。

● 教师:谁能用自己的动作来表演小老鼠呢?

教师逐句念儿歌,鼓励和支持幼儿结合自己的经验创编动作。

4. 师幼分角色表演儿歌,感受表演的乐趣。

● 幼儿扮老鼠,教师扮猫一起表演。

● 幼儿自由组合成三人小组加一个人做灯台,一个人演老鼠,一个人演唱,分角色表演。

附儿歌及参考动作

小老鼠，上灯台

小老鼠，上灯台，（左手臂伸出，右手食指、中指交替作行走状）
偷油吃，下不来。（同上）
喵喵喵，猫来了，（双手手心向内，五指张开，由中间向两边拉开，作小猫状）
叽里咕噜滚下来。（双手握拳，在面前绕圈）

（民谣）

4. 我的动物朋友（谈话活动）

活动目标

1. 能耐心、仔细地倾听同伴讲话，基本理解别人谈话的内容。
2. 愿意在集体中描述自己的动物朋友，用词恰当，表述比较连贯。
3. 主动与同伴交流自己和小动物的乡村生活故事，萌生爱护小动物的情感。

活动准备

人手一张与自家动物的合影，也可以是邻居家的，或者是班级饲养的小动物。

活动过程

1. 照片导入，激发表达意愿。

● 教师：小朋友，你有动物朋友吗？告诉大家它是谁。老师把我的动物朋友照片带来了，看看它是谁呢？

2. 交流讨论，梳理谈话信息。

● 教师示范介绍：我的朋友是小鹅，它的名字叫小白，它喜欢游泳，还会“昂昂昂”地叫。我经常喂东西给它吃，它最喜欢吃我喂的小鱼。

● 教师：我的朋友是谁？它叫什么？是什么样的？我们经常玩什么？

● 引导幼儿回顾：可以从哪几个方面介绍动物朋友。

● 小结：介绍自己的动物朋友，要说清楚名字、本领、叫声，还可以说说我和它之间最喜欢和最开心的事情。

3. 借助图片，幼儿自由交流。

● 教师：小朋友们，你们有自己的动物朋友吗？你会不会介绍你的动物朋友呢？

幼儿取出自己的动物朋友照片，向朋友作介绍。教师巡回指导，提醒幼儿别人讲的时候要注意倾听，帮助幼儿丰富词汇和语言，鼓励个别胆怯的幼儿大胆表达。

4. 集体交流，鼓励幼儿大胆表达。

● 教师：哪个小朋友愿意来介绍你的动物朋友？

幼儿大胆表达，鼓励其他幼儿通过和动物打招呼等方式关注谈话内容。

5. 拓展话题，激发社会情感。

● 教师：小朋友们都勇敢地介绍了自己的动物朋友。你们喜欢自己的动物朋友吗？为什么？我们今天回去一定要和你的动物朋友说说悄悄话，告诉它你很喜欢它，你会保护它哦！

（二）备选材料

蚕姑娘（民谣）

蚕姑娘，造新房，
新房不开门和窗。
关在里面巧打扮，
出来一个蛾姑娘。

（张铁苏）

公鸡头，母鸡头（儿歌）

公鸡头，母鸡头，黄豆黄豆在哪头？
在这头，在那头，请你猜猜在哪头。

（丁亚丽）

小猪变干净了（故事）

有一只小猪，长着圆圆的脑袋、大大的耳朵、小小的眼睛、翘翘的鼻子、胖乎乎的身体，真有趣！可它就是不爱清洁，常常到垃圾堆旁找东西吃，吃饱了就在泥坑里滚来滚去，滚得浑身都是泥浆。

小猪想去找朋友。它一面走，一面“哼哼哼”地叫着。小猪走着走着，看见前面有只小白兔。“小兔，我和你一块儿玩好吗？”小白兔回头一看，原来是小猪，就说：“哟，是小猪，看你多脏啊！快去洗洗吧，洗干净了我再和你玩。”小猪不愿意洗澡，只好走开了。它走着，走着，走到草地上，碰到一只小白鹅。小白鹅，真美丽，红红的帽子，白白的羽毛。小猪高兴地说：“小白鹅，我和你一块儿玩好吗？”小白鹅说：“哟，是小猪，看你多脏啊！快去洗洗吧，洗干净了我再和你玩。”

小猪看了看自己身上，可不，满身是泥浆，泥水还在“滴答，滴答”地往下滴呢！小白鹅又说：“走，我带你到河边去洗个澡吧！”小猪跟着小白鹅来到小河边，小白鹅“扑通”跳进河里，用清清的水泼呀泼，泼在小猪的脸上、身上。小猪用清清的水洗呀洗，洗得干干净净的。

小白鹅高兴地说：“小猪变干净了，我们一起玩吧！”小白兔看见小猪变干净了，也走来跟它玩了。小猪跟朋友们玩得可高兴啦！

（佚　名）

主题三：春天的童话

（小班·下）

第一部分：主题背景及目标

（一）主题背景

“律回岁晚冰霜少，春到人间草木知。”春回大地，冰雪消融，万物萌生，草儿探出脑袋左右瞧，鸭儿游来游去水中跳，花儿迎着风儿把手招，小朋友们拉着风筝到处跑，卸去厚厚棉衣的人们也挎上篮子，走向村头、田间……走进春天，便走进了童话的世界。

爱说是孩子的天性，小班幼儿认知表达能力需要以直观形象作为支撑。走出去，将幼儿置身于乡村的春天童话里，他们便成了童话的主角，看一看、听一听、说一说，他们自由自在地表达自己的看法，练习说话，感受生活。而教师有意识地将田间飞舞的彩蝶、河里黑黑的蝌蚪、林中鲜嫩的竹笋等等这些幼儿能亲身感受的内容融入文学作品，可以帮助他们进一步理解春天的美好，增添生活的情趣。

（二）主题目标

1. 引导幼儿初步感受“童话”这种有趣的文学体裁，喜欢童话中丰富的拟人化角色形象。

2. 启发幼儿理解童话的意境，鼓励幼儿展开想象，学习用语言、动作表达对角色的喜爱之情，并尝试创编简单的情节。

3. 通过实地观察、图片对比等方式引导幼儿感知村落里田野、河流及动植物的变化，学习用简单的语言表达春天的美景。

4. 和幼儿一起寻找身边的春天，萌发热爱家乡、亲近大自然的情感。

（三）关键经验

1. 丰富关于春天的动植物的认识，能大胆用语言表达自己的发现。
2. 喜欢童话中拟人化的角色，尝试用动作表达对角色的情感。

（四）核心词汇

春天、童话、生长、扮演角色、学习对话。

第二部分：资源准备

（一）经验准备

师幼共同寻找春天，观察池塘中的小蝌蚪、野花丛中的蝴蝶等。

（二）材料准备

1. 收集有关春天的图片、故事、诗歌、视频、图书等资料。
2. 搜集狗尾巴草、竹笋、小蝌蚪等实物。

（三）社区与家长资源

1. 充分利用周边田园环境，开展丰富多彩的亲子远足、春游等活动。
2. 请家长利用节假日带领孩子走进大自然，观察小蝌蚪、小蜜蜂，采集野花、野草、柳树枝条等，将春天的气息带进教室。

第三部分：领域渗透

（一）户外活动

1. 走进田野。

参观农田：观察春天的麦苗、蔬菜等，感知春天多种农作物的生长变化。

播撒种子：参观农民伯伯的播种过程，尝试在户外种植园地种植青菜、茼蒿、草莓等。

观赏花草：观察田野间的野花、野草，感受大自然的美妙。

2. 放风筝。

和幼儿一起放风筝，体验在田野里自由奔跑的欢畅。

（二）科学领域

1. 认识风筝：观察各种各样的风筝，发现它们的共同特征，初步了解风筝各个组成部分的作用。

2. 认识蜜蜂和蝴蝶：观察蜜蜂和蝴蝶的外形特征，了解它们的生活习性，知道蜜蜂和蝴蝶都是花的好朋友，会传播花粉。

（三）艺术领域

1. 草艺：用染、画等方式装饰狗尾巴草，并尝试进行插放、组合，为狗尾巴草进行艺术造型。

2. 欣赏歌曲《春天在哪里》：感受歌曲优美的旋律，尝试用拍手、敲击等方式进行简单的节奏活动，表现"春天真好"的欢乐情绪。

第四部分：一日生活拓展

（一）学习环境

1. 墙面日记。

师幼共同设计主题墙，利用幼儿在区域活动中制作的柳条、桃花等装饰主题墙，在活动室里营造春天的氛围。主题墙大致划分为三个版块：① 春天的植物；② 春天里的小动物；③ 小蝌蚪成长日记。

2. 调查表：《我找到的春天》。

（二）区域活动

1. 阅读区。

(1) 春天的绘本：提供有关春天的图片、图书等供幼儿阅读、欣赏，如《春天里的花婆婆》《遇见春天》《小牛的春天》《大熊抱抱》等。

(2) 我在春天里：提供幼儿在大自然中活动的照片，引导幼儿讲述照片中的故事。

2. 美工区。

小鸡和蝴蝶：用多种形式表现小鸡和蝴蝶的动态，并把作品布置在主题墙上。

3. 科学区。

(1) 小蝌蚪快长大:观察自然角中小蝌蚪的外形特征和生长变化。

(2) 虫虫总动员:师幼共同收集蜜蜂、蝴蝶、蚂蚁等小昆虫,提供放大镜、昆虫观察盒等,供幼儿进行细致观察。

4. 娃娃家。

"带娃娃春游""逛公园"。

5. 表演区。

春天的故事:提供头饰、布景等道具,表演故事《小蝌蚪找妈妈》《好饿好饿的毛毛虫》。

(二) 生活环节

1. 凉拌马兰:将在田埂、路边挖的马兰进行清洗、焯水、切细、凉拌,感受自制美食的乐趣。

2. 发现春天:散步时引导幼儿观察周围环境,尝试用"春天到了,……"的句式,表达自己的发现。

(三) 家园共育

1. 亲子植树:请家长在家和孩子一起植树,观察树的生长变化,开展"我和小树共成长"活动。

2. 亲子劳动:包春卷。家长和孩子共同制作春卷馅儿,包春卷,品尝自制春卷,体验成功的乐趣。

3. 外出踏青:家长利用双休日、节假日带孩子外出踏青,引导孩子观察春天动、植物的变化,鼓励孩子提出问题。

第五部分:资源菜单

(一) 经典案例

1. 小蝌蚪找妈妈(童话)

活动目标

1. 感知故事中各种动物的基本特征,初步了解小蝌蚪的生长过程。

2. 理解、熟悉故事内容，尝试根据故事情节排列图片，并大胆讲述故事中的对话。

3. 感受动物妈妈们对小蝌蚪的热情及关心。

活动准备

实物：小蝌蚪；配套故事图片。

活动过程

1. 观察小蝌蚪，引发听故事的兴趣。

● 教师：这是谁？它们长什么样？

鼓励幼儿用语言描述、用动作表现小蝌蚪的形态：小蝌蚪黑黑的，滑溜溜，圆圆的脑袋长尾巴。

2. 欣赏故事，初步了解故事情节。

● 教师：小蝌蚪把哪些动物当成了自己的妈妈？

小蝌蚪从没见过自己的妈妈，它们把鱼妈妈、乌龟妈妈和鹅妈妈当成了自己的妈妈。

3. 再次欣赏故事，进一步理解故事内容。

● 教师：

(1) 故事发生在什么季节？青蛙妈妈生的黑乎乎的卵变成了什么？

(2) 小蝌蚪找妈妈先碰到了谁？说了些什么？又遇到了谁？又是怎么说的？

(3) 小蝌蚪为什么会把他们当成自己的妈妈？

(4) 小蝌蚪的妈妈究竟是谁？为什么小蝌蚪和它的妈妈长得不像呢？小蝌蚪最后是怎么变成青蛙的？

● 提供小蝌蚪成长卡片，幼儿操作、排序，和同伴讨论排序的理由和结果。

4. 回忆故事情节，将故事图片进行排序。

● 教师：小蝌蚪在找妈妈的过程中先遇到了谁？再遇到了谁？请将图片按照小蝌蚪找妈妈的过程排排队。

幼儿以小组为单位，相互讨论并排列图片。鼓励幼儿自主分配角色，尝试讲述故事中的对话。

活动延伸

将头饰、布景等道具投放到表演区，幼儿自主表演。

附故事

小蝌蚪找妈妈

暖和的春天来了，池塘里的冰融化了。青蛙妈妈睡了一个冬天，也醒来了。她从泥洞里爬出来，“扑通”一声跳进池塘里，在水草上生下了很多黑黑的圆圆的卵。

春风轻轻地吹过，太阳光照着，池塘里的水越来越暖和了。青蛙妈妈下的卵慢慢地都活动起来，变成一群大脑袋长尾巴的蝌蚪，他们在水里游来游去，非常快乐。

有一天，鸭妈妈带着她的孩子到池塘中来游水。小蝌蚪看见小鸭子跟着妈妈在水里划来划去，就想起自己的妈妈来了。小蝌蚪你问我，我问你，可是谁也不知道。

“我们的妈妈在哪里呢?”

他们一起游到鸭妈妈身边，问鸭妈妈：

“鸭妈妈，鸭妈妈，您看见过我们的妈妈吗?”

鸭妈妈回答说：“你们的妈妈头顶上有两只大眼睛，嘴巴又阔又大。你们自己去找吧。”

“谢谢您，鸭妈妈!”小蝌蚪高高兴兴地向前游去。

一条大鱼游过来了。小蝌蚪看见大鱼头顶上有两只大眼睛，嘴巴又阔又大，他们想一定是妈妈来了，追上去喊妈妈：“妈妈！妈妈!”

大鱼笑着说：“我不是你们的妈妈。我是小鱼的妈妈。你们的妈妈有四条腿，到前面去找吧。”

“谢谢您啦，鱼妈妈!”小蝌蚪再向前游去。

一只大乌龟游过来了。小蝌蚪看见大乌龟有四条腿，心里想，这回真的是妈妈来了，就追上去喊：“妈妈！妈妈!”

大乌龟笑着说：“我不是你们的妈妈。我是小乌龟的妈妈。你们的妈妈肚皮是白的，到前面去找吧。”

“谢谢您啦，乌龟妈妈!”小蝌蚪再向前游去。

一只大白鹅“吭吭”地叫着，游了过来。小蝌蚪看见大白鹅的白肚皮，高兴地想：这回可真的找到妈妈了。追了上去，连声大喊：“妈妈！妈妈!”

大白鹅笑着说：“我不是你们的妈妈，我是小鹅的妈妈。你们的妈妈穿着绿衣服，唱起歌来‘呱呱呱’的，你们到前面去找吧。”

“谢谢您啦，鹅妈妈!”小蝌蚪再向前游去。

小蝌蚪游呀、游呀，游到池塘边，看见一只青蛙坐在圆荷叶上“呱呱呱”地唱歌，他们赶快游过去，小声地问：“请问，您看见了我们的妈妈了吗？她头顶上有两只大眼睛，嘴巴又阔又大，有四条腿，白白的肚皮，穿着绿衣服，唱起歌来‘呱呱呱’的………”

青蛙听了“呱呱”地笑起来，她说：“唉！傻孩子，我就是你们的妈妈呀！”

小蝌蚪听了，一齐摇摇尾巴说：“奇怪！奇怪！我们的样子为什么跟您不一样呢？”

青蛙妈妈笑着说：“你们还小呢。过几天你们会长出两条后腿来，再过几天，你们又会长出两条前腿来。四条腿长齐了，脱掉了黑衣服，就跟妈妈一样了，就可以跟妈妈跳到岸上去捉虫吃了。”

小蝌蚪听了，高兴得在水里翻起跟头来：“啊！我们找到妈妈了！我们找到妈妈了！好妈妈，好妈妈，您快到我们这儿来吧！您快到我们这儿来吧！”

青蛙妈妈“扑通”一声跳进水里，和她的孩子一块儿游玩去了。

（方惠珍　盛璐德）

2. 笋娃娃（童话）

活动目标

1. 理解故事内容，了解笋是从哪里来的，学习词语：钻、挤、冒。
2. 感受小笋娃的天真、活泼与坚持，尝试用肢体动作和语言进行角色模仿。
3. 体会作品中笋娃娃与竹子的情感，感受笋娃娃成长的快乐。

活动准备

1. 到竹林中寻找、观察笋娃娃。
2. 情景表演道具：三个笋娃娃、实物竹笋若干；竹笋和竹子的实物或图片。

活动过程

1. 观察实物，讲述笋娃娃的外形特征。

● 教师：笋娃娃长什么样？你在哪儿见过它？

鼓励幼儿结合生活经验，和同伴交流、分享。

2. 比较不同，感受笋娃娃“渴望成长”的心情。

● 教师：笋娃娃和妈妈长得有什么不一样？谁会帮助笋娃娃长大呢？

● 教师：笋娃娃很想快快长大，长得和妈妈一样，穿着漂亮的绿衣裳，长得细细的、高高的，那该多好呀！

3. 欣赏故事，了解笋娃娃的成长历程。

● 教师完整讲述故事。

● 集体交流，回忆故事内容。

教师：竹妈妈怎样培育笋娃娃的？笋娃娃听到了什么？它对竹妈妈说什么？竹妈妈又是怎样回答的呢？笋娃娃是怎样做的？

● 情景表演：一个笋娃娃从泥土里钻出来，大声叫着：“妈妈，我在这儿呢！”一个笋娃娃从草丛中冒出来，大声喊着：“妈妈，我在这儿呢！”一个笋娃娃从石头缝里挤出来，大声说：“妈妈，我在这儿呢！”

● 教师：笋娃娃从哪里出来用“钻”？笋娃娃从哪里出来用“冒”？从哪里出来又用“挤”呢？

幼儿尝试用身体动作表现：钻、冒、挤，体验笋娃娃“成长之后”的愉悦心情。

4. 完整欣赏，自由表达。

● 教师完整讲述故事，幼儿用动作和语言表达自己的理解和体验。

● 教师：笋娃娃在春风、春雨、阳光的关怀和帮助下，顺利、健康地成长起来！我们小朋友也要学习小笋娃，吃饭不挑食，保证充足的睡眠时间，还要多晒太阳、多运动，做个快乐成长的小娃娃。

附故事

笋娃娃

笋娃娃是竹妈妈的宝宝，快到春天的时候，竹妈妈就要培育自己的宝宝——笋娃娃。

在春姑娘的呼唤下，竹妈妈拼命地喝水，补充充足的营养，让自己在泥土里的根长大长大再长大，这样竹妈妈就可以培育出笋娃娃了。

竹妈妈还给笋娃娃穿上一件又一件衣服，笋娃娃就这样在泥土里慢慢长大了。它越长越大，越长越大，它听见泥土外面的声音了，有小鸟叽叽喳喳的叫声，有小花小草悄悄讲话的声音，还有小朋友春游的脚步声。

它再也不想躲在泥土里面了，它对竹妈妈说："妈妈，我想看看外面的世界！"竹妈妈说："好孩子，你要努力地往上钻呀！"于是，娃娃每天努力地向上钻呀钻，用它尖尖的脑袋钻呀钻。

只见，一个笋娃娃从泥土里钻出来，大声叫着："妈妈，我在这儿呢！"一个笋娃娃从草丛中冒出来，大声喊着："妈妈，我在这儿呢！"一个笋娃娃从石头缝里挤出来，大声说："妈妈，我在这儿呢！"

笋娃娃靠着自己的努力钻出了泥土，看到了外面的世界！

春风轻轻吹，春雨沙沙下，笋娃娃渐渐长大了。"哦，我们长大了，长得和妈妈一样高了！"

3. 好饿好饿的毛毛虫(绘本)

活动目标

1. 仔细观察，理解画面所表达的内容，感知故事中数量的递增关系。
2. 初步感知毛毛虫变蝴蝶的过程。
3. 对绘本阅读感兴趣，乐意表达自己的发现。

活动准备

绘本《好饿好饿的毛毛虫》。

活动过程

1. 观察封面，引出故事主角。

● 教师：封面上有谁？在它身上发生了什么有趣的事情呢？

鼓励幼儿用"什么样的毛毛虫"来表述封面内容，如"扭来扭去的毛毛虫"，丰富幼儿的语言。

2. 结合画面，阅读理解绘本。

● 观察画面一，提问：在树叶上有个什么？

教师：这些小小的蛋，叫做"卵"。

● 观察画面二，提问：发生了什么事？这是一条怎样的毛毛虫？又小又饿的毛毛虫要去干什么？

鼓励幼儿大胆猜想故事情节。

● 观察画面三到八，提问：

星期一，毛毛虫吃了什么？吃了几个？

星期二，它吃了什么？吃了几个？……

星期六吃了些什么呢？

毛毛虫一下子吃了十种食物，会出现什么情况？

引导幼儿回忆生活经验，体会吃多了是什么感觉。

● 教师：平时吃东西一定要适当，千万别像毛毛虫那样贪吃。

● 观察画面九，提问：毛毛虫吃了什么？它感觉怎么样了？你是怎么看出来的？

● 观察画面十，提问：毛毛虫吃饱后发生了什么事情？

● 教师：现在，毛毛虫不觉得肚子饿了。它不再是一条小毛毛虫了。它是一条又肥又大的毛毛虫。它造了一间小房子，叫作“茧”，把自己包在里面。

● 观察画面最后一页，提问：两个多星期后，谁从茧里飞出来了？你喜欢蝴蝶吗？它是怎样飞的？我们一起来学一学。

幼儿用动作表现蝴蝶飞舞的姿态。

3. 完整欣赏，总结毛毛虫的生长过程。

教师再次完整讲述故事，边讲述边用箭头和图片呈现毛毛虫的生长过程。

4. 情境游戏，尝试用动作表现毛毛虫化蝶的过程。

● 教师：我们也来学学毛毛虫找食物、造房子、变蝴蝶的样子吧！

附故事

好饿好饿的毛毛虫

在一个有月光的晚上，树叶上躺着一颗虫卵。第二天，虫卵中孵出一条小毛毛虫，它一步一步地爬着，因为肚子好饿，想要去找东西吃。

毛毛虫实在是太饿了，所以，它星期一吃了一个苹果，星期二吃了两个梨，星期三吃了三个李子，星期四吃了四个草莓，星期五吃了五个橘子。星期六，它吃了一块巧克力蛋糕、一个冰欺淋甜筒、一个腌黄瓜、一块奶酪、一截火腿、一根棒棒塘、一块樱桃派、一条香肠、一个纸杯蛋糕和一片西瓜。吃了这么多东西，毛毛虫的肚子好痛好痛，所以，第二天它只吃了一片又嫩又绿的树叶，这才觉得舒服多了。不过这时候的毛毛虫已经变成了一条又肥又大的毛毛虫了，它给自己造了一间小房子，在里面睡了两个多星期，等它再钻出来的时候，已经变成了一只美丽的蝴蝶。

（[美]艾瑞点·卡尔）

4. 花　路（童话）

活动目标

1. 初步理解故事内容，会按顺序阅读图书内容。

2. 体会童话中小熊种花前后的心情变化。

3. 对阅读图书感兴趣，能在集体面前大胆表述，积极参与文学活动。

活动准备

故事图片，配乐故事录音。

活动过程

1. 观察图片，初步熟悉童话内容。

● 教师：这是谁的家？你是怎么知道的？

小熊想在这里种些漂亮的花，种花需要什么？

启发幼儿结合生活经验讨论种花需要准备的材料。

● 教师：小熊在花店里买了一袋种子，他背着袋子就往家里走去。回到家，小熊打开袋子一看："啊，种子全没了。"

提问：① 小熊买的种子呢？为什么会掉在路上呢？② 小熊的心情是怎样的？③ 种子没了，花也不能种了，怎么办？谁来帮他想个办法？④ 春天到了，小熊家门口的小路上发生了奇妙的变化，怎么会有这么多的鲜花呢？⑤ 小熊的心情会怎样？

重点分析、理解故事情节发生变化的原因，体验小熊前后的情绪变化。

● 小结：小熊买的种子全撒在了路上，这一件看起来不太好的事情，居然变得这样奇妙！

2. 完整欣赏童话，感受童话中的意境美。

3. 师幼共读，感受小熊的情绪变化。

● 教师：当小熊发现种子没了，他会怎么说？心情不好，要用什么样的语气？

● 讨论：春天到了，小熊家门口出现了一条开满鲜花的小路，小熊很开心，他可能会做什么？

● 教师与幼儿共同讲述，并尝试用语言和动作表现小熊的情绪变化。

4. 户外活动，迁移美好情感。

● 教师：春天到了，五颜六色的花都开了，我们也到外面去看一看吧。

附故事

花　路

小熊在花店里买了一袋花种，想在院子里种上鲜花。

小熊背起袋子往家里走。

小熊回到家，打开袋子一看："啊，种子全没了。"

他仔细一看："原来袋子上有个洞洞呀！"小熊很伤心。

春天到了，小熊家的门前，出现了一条开满鲜花的小路。

（二）备选材料

春来了（诗歌）

春来了，草知道，探出脑袋左右瞧。
春来了，鸭知道，游来游去水中跳。
春来了，花知道，迎着风儿把手招。
春来了，我知道，拉着风筝快快跑。

坐火车（散文）

呜！长长的火车开了。
坐上火车往外瞧：
一会儿是绿油油的麦苗，
一会儿是黄黄的一片，
那是金黄色的油菜花。
咦！我怎么什么也看不见了？
原来火车钻进了山洞里。
坐火车真有趣！

（朱燕平）

狗尾巴草(儿歌)

小狗尾巴摇摇,
小草尾巴摇摇,
小狗尾巴翘翘,
小草尾巴翘翘。
摇啊摇,翘啊翘,
摇啊摇,翘啊翘,
变成一棵狗尾巴草。

主题四:赏古诗

（小班・下）

第一部分：主题背景及目标

（一）主题背景

“鹅、鹅、鹅,曲项向天歌……”寥寥十余字,把鹅的形态勾画得妙趣横生,吟诵者眼前展开一幅美丽的村落图:白鹅戏水、红掌碧波。上至耄耋,下至乳儿皆会吟诵。在我国古典文化宝库里,还有许多这般声色动人的古诗,可以熏陶孩子的审美,启迪孩子的智慧,是中华语言文化的精髓。

不难发现,那些广为流传、妇孺皆知的古诗都具有典型的节律性、生活性、情境性,不仅朗朗上口,而且描述生动、有趣、精炼,贴近生活实际,这和幼儿语言学习的目标是一致的。因此,选择一些如《咏鹅》《悯农》《春晓》等内容浅显、篇幅短小、贴近农村生活的古诗,通过感知、吟诵、表征等形式,可以逐步将幼儿引入古诗的海洋,让他们结合周边的乡村生活场景与生活经验,与高尚对话,与智慧碰撞,同时培养他们语言的连贯性与生动性,发展语言表达能力。

（二）主题目标

1. 帮助幼儿初步感知“古诗”这一文学表现形式,激发幼儿对古诗的兴趣,引导幼儿发现生活中的美好。
2. 引导幼儿学念简单的古诗,并初步熟悉、理解古诗内容。
3. 启发幼儿感受古诗语言的韵律美,尝试有节奏地吟诵。
4. 支持、鼓励幼儿结合经验,用语言、动作、绘画等形式表达自己对古诗的理解。

（三）关键经验

1. 初步感知“古诗”这一独特的文学体裁。

2. 感受古诗的韵律,尝试有节奏地吟诵。

(四) 核心词汇

古诗、感知、韵律、吟诵、表达。

第二部分：资源准备

(一) 经验准备

走进大自然,观察池塘里白鹅、小鸭等游泳和嬉戏的样子,观察小草、柳树的外形特征,积累丰富的生活经验。

(二) 材料准备

1. 整理小班幼儿易理解的古诗。
2. 收集与古诗相关的图片、故事、视频等资料。

(三) 社区与家长资源

1. 联系附近的养殖户,带幼儿近距离观察,并引导他们尝试用语言描述鹅、鸭、鸡等动物的外形特征及体态。

2. 鼓励家长在家庭中营造学习古诗的氛围,跟孩子一起吟诵,并为孩子提供展示和体验成功的机会。

第三部分：领域渗透

(一) 户外活动

鸭妈妈找蛋:将“蛋宝宝”藏起来,引导幼儿自由寻找,体验发现的乐趣和帮助他人的愉悦情绪。

小草你好:和幼儿一起走进自然,在春天的原野上寻找小草、感受小草,与小草进行“零距离”地接触和对话。

(二) 科学领域

美丽的桃花:引导幼儿观察桃花的外形特征,说说桃花的颜色,闻闻桃花的香味,数数一朵桃花几片瓣等。

春雨：引导幼儿观察雨丝和雨滴落下时的样子，并说说自己的发现；倾听雨打在小伞、塑料薄膜、搪瓷脸盆、报纸等物体上发出的声音。

（三）艺术领域

小黄鸭（美术）：能用大小不同的两个圆进行组合造型，表现不同形态的小黄鸭，并耐心地为小鸭涂色。

咏鹅（歌曲）：进一步感受古诗吟唱的节律感与快乐情绪，尝试用肢体表现大白鹅的动态。

第四部分：一日活动拓展

（一）学习环境

1. 墙面日记。

师幼共同布置“古诗天地”主题墙。主题墙大致分为两个版块：一是吟诗、悟情，将学过的古诗以图文并茂的形式展现在版块内，便于感兴趣的幼儿吟诵，同时在自然轻松的环境中与同伴交流自己的想法；二是寻美、觅踪，主要记录幼儿在生活中寻找古诗踪迹的画面，同时展现幼儿用自己的方式（如绘画、表演等）表现古诗意境的作品及照片。

2. 调查表：《我会念的古诗》。

（二）区域活动

1. 阅读区。

（1）古诗阅读：根据调查表，投放幼儿熟悉的古诗，配以画面供幼儿阅读、欣赏。如《悯农》《静夜思》《咏柳》等。

（2）古诗吟诵：提供古诗吟诵录音，鼓励幼儿跟录音有节奏地吟诵。

2. 美工区。

小鸭和小鹅：投放皱纹纸、稻草、蜡笔等，幼儿用多种形式表现小鸭和小鹅的形态，并把作品布置在主题墙上。

3. 科学区。

（1）蛋宝宝排队：提供鹅蛋、鸭蛋、鸡蛋、鹌鹑蛋，幼儿观察比较，帮蛋宝宝排队，并说说自己的理由。

(2) 饲养角:师幼共同饲养小鸭、小鹅等小动物,观察它们的动态,了解它们的习性。

4. 娃娃家。

开展"我为娃娃念古诗""一起去喂鸭"等活动。

5. 表演区。

提供头饰、音乐等,表演歌曲《咏鹅》《悯农》等。

(三) 生活环节

利用睡前、散步等过渡环节吟诵古诗,进一步感知古诗的节奏和韵律。

(四) 家园共育

1. 自然情境中学古诗:家长利用节假日带孩子出去走一走,在自然情境中吟唱古诗,帮助幼儿进一步理解古诗的意境,体验大自然的美好。

2. 生活情境中学古诗:将学过的古诗渗透到生活中,如吃饭时孩子将米粒洒到桌子上,可跟孩子一起说说《悯农》,让孩子了解米饭来之不易,充分发挥古诗的教育引导作用。

第五部分:资源菜单

(一) 经典案例

1. 咏 鹅(古诗吟诵)

活动目标

1. 初步理解古诗内容。
2. 感知、想象古诗中"曲项、拨清波"等鹅的形态,尝试用动作进行表现。
3. 喜欢吟诵古诗,初步感受韵律美。

活动准备

1. 利用周末请家长带领幼儿观察鹅游泳、唱歌的样子。

2. 鹅的相关图片;音乐 CD。

活动过程

1. 情景导入,激发幼儿兴趣。

● 教师:宝宝们,今天的天气可真好,妈妈带你们到池塘里去游泳吧!

让我们一起来学一学小鹅戏水的动作吧!

鼓励幼儿大胆创编小鹅的姿态,如伸伸脖子、理理羽毛、划划水等。

● 教师:游累了,我们来休息一下。看,图片上也有小白鹅,它们长什么样?它们在干什么呀?

引导幼儿发挥想象,用简短的语言表达自己的想法。

2. 分句解析,理解古诗内容。

● 教师:它们的脖子伸得长长的,在干什么?

幼儿用动作、声音表达自己对古诗第一句的理解。

● 教师:它们是怎么游泳的?谁来学学?鹅是用什么来划水的?它的脚是什么颜色的?

教师边念古诗边用动作帮助幼儿理解古诗第二句。

3. 学习古诗,感受古诗韵律。

● 幼儿完整欣赏古诗。

● 师幼一起用动作完整表达对古诗的理解。

● 幼儿尝试吟诵古诗。

● 引导幼儿回忆鹅在游泳时的情景,猜想鹅的心情。鼓励幼儿用适当的语气语调吟诵古诗,可边做动作边吟诵。

4. 欣赏歌曲,感知古诗不同的表达形式。

● 教师:古诗不仅可以念出来,唱出来也很好听呢!我们一起来听一听。

附古诗

咏　鹅

([唐]骆宾王)

鹅鹅鹅,曲项向天歌。

白毛浮绿水,红掌拨清波。

2. 春 晓(古诗吟诵)

活动目标

1. 理解并感受古诗的意境,初步学习古诗。

2. 尝试在音乐的伴奏下,按古诗的节律进行朗诵。

3. 萌发对春色的喜爱之情。

活动准备

1. 古诗录音。

2. 两段背景音乐:一段古典,一段欢快。

3. 配套图片。

活动过程

1. 观察画面,感受春晓意境。

● 教师:画上有什么?这是什么季节?

幼儿联系生活经验进行判断,并说明理由。

● 教师:古时候有一位叫孟浩然的诗人,看到了这些景象,写了一首古诗,古诗的名字就叫《春晓》。

2. 欣赏理解,熟悉古诗内容。

● 教师:古诗的名字叫什么?你听到古诗里说了什么?(帮助幼儿理解“晓”“眠”“闻”等词语)

● 理解古诗大意:春天很好睡,不知不觉就天亮了。当诗人醒来后,听到外面都是小鸟的叫声,诗人想:昨天又是风又是雨的,不知道有多少花瓣被吹打了下来。

● 播放录音,幼儿再次欣赏古诗,帮助幼儿进一步理解古诗内容。

3. 感受韵律,尝试朗诵古诗。

● 教师和幼儿一起完整朗诵古诗 2～3 遍,感受古诗的韵脚。

● 欣赏录音:仔细听听录音里是怎么念古诗的。

引导幼儿思考为什么要这样念,帮助幼儿理解古诗表达的情感。

● 教师和幼儿按节奏吟诵古诗。

● 幼儿集体吟诵古诗，进一步感受古诗的意境。

提供两段背景音乐（一段古典，一段欢快），引导幼儿选择合适的音乐做背景。

活动延伸

将古诗《春晓》的录音投放到语言区，供幼儿继续欣赏和吟诵。

附古诗

春　晓

（[唐]孟浩然）

春眠不觉晓，处处闻啼鸟。
夜来风雨声，花落知多少？

3. 所　见（古诗欣赏）

活动目标

1. 理解古诗的内容，知道古诗中“鸣蝉”“闭口立”的含义。
2. 感受古诗所表现的生活趣味。
3. 愿意用吟诵和动作来表现古诗，体验诵读的乐趣。

活动准备

1. 组织一次以捕蝉为主题的户外活动，帮助幼儿积累生活经验。
2. 鸣蝉录音；歌曲《所见》。

活动过程

1. 聆听蝉鸣，回忆经验。

● 教师：这是什么声音？怎么才能捉到蝉呢？

引导幼儿回忆生活经验，体验捕蝉时的气氛和动作。

● 教师：捕蝉时，悄悄地，不能发出声音，要假装不动，慢慢靠近，迅速地捉住蝉。

2. 故事欣赏，情境转化。

● 教师：有一个小朋友，他也被蝉的声音吸引了，看看他是谁？

古时候，放牛的孩子叫牧童，我们来听一个关于他的小故事吧！

● 欣赏故事。牧童骑着黄牛，唱着歌来到树林，响亮的歌声在树林上空回荡着。他唱呀唱，忽然听到了蝉的鸣叫。牧童想去捉蝉，于是，他立刻把嘴巴闭上，站在树旁一动不动。

● 模仿动作。

鼓励幼儿尝试用动作表演骑着黄牛唱歌、听到蝉鸣、闭上嘴巴站立等动作。

3. 理解古诗，学习吟诵。

● 教师：古代有一位诗人叫袁枚，他看到了这件有趣的事情，于是就写了一首诗，诗的名字叫《所见》，也就是自己所看见的事。

● 教师吟诵古诗后提问：① 牧童是怎么来到小树林的？② 他唱的歌传到了哪里？③ “鸣蝉”是什么意思？④ “闭口立”是什么意思？牧童为什么“忽然闭口立”？应该用什么样的声音来念这一句？

● 引导幼儿用动作、表情和音调来表现“捕鸣蝉”的场景。

幼儿边做动作边念古诗。

4. 欣赏歌曲，感受不同的表现手法。

鼓励幼儿跟着伴奏打拍子念古诗，进一步增强学习古诗的趣味性。

附古诗

所　见

（[清]袁　枚）

牧童骑黄牛，歌声振林樾。

意欲捕鸣蝉，忽然闭口立。

4. 悯　农（古诗欣赏）

活动目标

1. 学念古诗，初步理解古诗内容。

2. 尝试用配乐诵读、动作表演等方式表现古诗，激发幼儿吟诵古诗的乐趣。

3. 懂得粮食来之不易，知道要爱惜粮食。

活动准备

1. 挂图《悯农》。
2. 歌曲《悯农》。

活动过程

1. 观察图片，感知农民的辛苦。

● 教师：我们吃的馒头、米饭等食物都是用什么做出来的？

● 出示农民锄地的图片，引导幼儿观察、讨论：农民伯伯在干什么？他的皮肤是什么样的？表情怎么样？他累不累？从哪里能看出来？

● 引导幼儿联想自己周围的农人劳作的场景，如“锄禾”“汗滴”等，理解“粒粒皆辛苦”的含义。

● 教师：古时候有一位诗人叫李绅，他看到农民伯伯这么辛苦地劳动就写下了一首古诗，名字叫《悯农》。我们一起来听一听。

2. 学习古诗，初步理解诗意。

● 完整欣赏古诗。

● 逐句讲解并学念古诗。

● 幼儿完整朗诵。

● 配乐朗诵。

● 古诗表演。

鼓励幼儿一边朗诵，一边用适当的动作表现锄禾、擦汗等动作。

3. 情感提升，懂得尊重别人的劳动成果。

● 教师：农民伯伯劳动这么辛苦，那我们吃饭的时候应该怎么做呢？

鼓励幼儿与身边的同伴讨论、交流。

● 出示图片，提问：画面上的小朋友在干什么？你喜欢哪个小朋友？为什么？

引导幼儿观察、分析画面，判断对错。

● 教师：没有农民伯伯的辛苦劳作，就没有饭桌上香喷喷的饭菜，所以我们要心存感激，珍惜他们的劳动成果。

4. 欣赏歌曲《悯农》，进一步萌发敬农、爱农的情感。

附古诗

悯 农

（[唐]李 绅）

锄禾日当午，汗滴禾下土。
谁知盘中餐，粒粒皆辛苦。

（二）备选材料

赋得古原草送别（古诗）

（[唐]白居易）

离离原上草，一岁一枯荣。
野火烧不尽，春风吹又生。

咏 柳（古诗）

（[唐]贺知章）

碧玉妆成一树高，万条垂下绿丝绦。
不知细叶谁裁出，二月春风似剪刀。

静夜思（古诗）

（[唐]李 白）

床前明月光，疑是地上霜。
举头望明月，低头思故乡。

（三）推荐给中大班幼儿的古诗

画（古诗）

（佚 名）

远看山有色，近听水无声。
春去花还在，人来鸟不惊。

寻隐者不遇(古诗)

([唐]贾　岛)

松下问童子,言师采药去。

只在此山中,云深不知处。

游子吟(古诗)

([唐]孟　郊)

慈母手中线,游子身上衣。

临行密密缝,意恐迟迟归。

谁言寸草心,报得三春晖。

古朗月行(古诗)

([唐]李　白)

小时不识月,呼作白玉盘。

又疑瑶台镜,飞在青云端。

江　南(古诗)

(汉乐府)

江南可采莲,莲叶何田田。

鱼戏莲叶东,鱼戏莲叶西,

鱼戏莲叶南,鱼戏莲叶北。

春夜喜雨(古诗)

([唐]杜　甫)

好雨知时节,当春乃发生。

随风潜入夜,润物细无声。

池　上(古诗)

([唐]白居易)

小娃撑小艇,偷采白莲回。

不解藏踪迹,浮萍一道开。

绝 句(古诗)

([唐]杜 甫)

两个黄鹂鸣翠柳,一行白鹭上青天。
窗含西岭千秋雪,门泊东吴万里船。

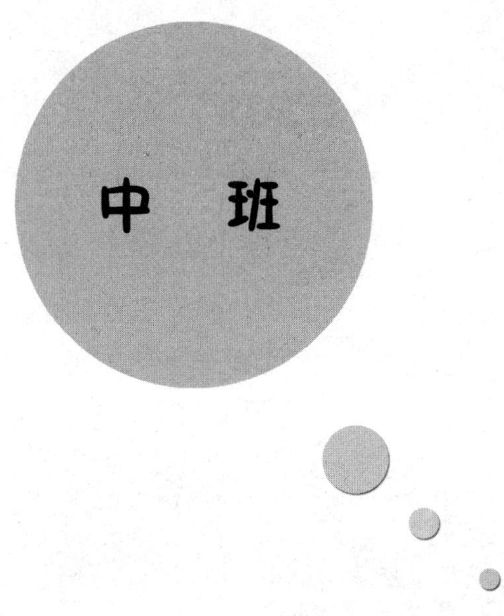
中 班

主题一：丰收茶话汇

（中班·上）

第一部分：主题背景及目标

（一）主题背景

秋分时节，瓜果绕藤，棉花吐絮，稻穗弯腰……田野里到处是丰收的景象。秋高气爽的日子里，教师和幼儿一起走出幼儿园，走进田野，去采摘、捡拾、收集。田野里的农作物让幼儿们新奇不已："黄瓜摸上去是刺刺的""毛豆的表面真的有一些细细的毛毛""花生藏在泥土里，一拔一大串呢"……他们兴奋地用语言描述、交流着自己的发现。

幼儿的语言是在运用中获得发展的，因此，追随幼儿的兴趣，充分挖掘乡土资源，利用大自然赋予的优势开展语言活动，不仅能让幼儿想说、敢说、有话说，更能让他们体验到乡村秋季收获的喜悦，感受农民伯伯、爷爷奶奶种植、培育、采摘的辛苦，在亲近大自然的过程中形成爱劳动、爱自然的情感。

（二）主题目标

1. 通过参观、采摘等活动，和幼儿一起感受田野丰收的美景，体验丰收的喜悦。

2. 引导幼儿观察、认识几种常见的农作物，借助实物、图片、视频、采访等方式，了解农作物与人们生活的密切关系。

3. 引导幼儿了解一问一答的儿歌形式，并根据蔬菜的颜色、外形等特征仿编儿歌。

4. 鼓励幼儿积极参加农作物猜谜游戏，对猜谜活动感兴趣。

5. 萌发幼儿爱惜粮食，珍惜他人劳动成果的意识。

（三）关键经验

学会倾听、交流，尝试用语言较连贯地表达对农作物大小、形状、色彩等方面的认识。

（四）核心词汇

秋季、丰收、农作物、蔬菜、成熟。

第二部分：资源准备

（一）经验准备

观察秋天丰收的景象，认识秋天常见的农作物；走进田野采摘水果、捡拾稻穗，种植蚕豆、初步感知秋季与人们生活的关系。

（二）材料准备

1. 搜集有关秋天的图片、故事、诗歌等资料。
2. 收集多种秋天的农作物。
3. 准备铲子、锹子等采摘和挖掘工具。

（三）社区与家长资源

1. 联系农庄、生态园，做好参观、实践的准备。
2. 请家长帮助收集各种瓜果，为班级组织的“欢乐瓜果节”活动做准备。

第三部分：领域渗透

（一）户外活动

1. 参观生态园：师幼一起到生态园中去挖红薯、捡稻穗等。
2. 摘豆荚：和幼儿走进农田，学习摘豆荚的正确方法，感受田野里丰收的景象。

（二）健康领域

1. 跨田埂：利用田埂这一自然资源开展富有特色的体育游戏活动，提高幼儿平衡、跨跳能力，增强体质。

2. 苹果丰收：鼓励幼儿尝试用拉、推、抱等多种方式运苹果，提高幼儿动作的协调性和敏捷性。

（三）科学领域

1. 认识芋头：引导幼儿有序观察芋头，尝试记录自己的猜想和发现。

2. 种蚕豆：引导幼儿通过多种方式，了解蚕豆的种植季节及生长过程，初步学习种植、管理蚕豆的方法。

（四）艺术领域

1. 蔬菜印画：尝试用蔬菜，如胡萝卜、藕、甜椒、青菜的横截面，蘸上颜料进行印画，感受印画的乐趣。

2. 拾穗者（美术欣赏）：能欣赏和大胆评价作品，体会劳动人民的辛苦。

第四部分：一日活动拓展

（一）学习环境

1. 墙面日记。

将主题墙面划分为三个版块。

第一版块：田野风光。呈现幼儿走进田野，与大自然亲密接触的照片。

第二版块：种子贴画。展示幼儿用各种农作物的果实、种子等制作装饰的画或造型。

第三版块：美食串烧。展示由农作物加工而成的食物图片，如烤红薯、薯片、薯条等，将农作物与幼儿的生活建立联系。

2. 调查表：《生活中的农作物》。

（二）区域设置

1. 阅读区。

收集《落叶跳舞》《来吧，我们一起发现秋天》等有关秋天的书籍，鼓励幼儿结合画面认识秋天的农作物，了解秋天的季节特征。

2. 美工区。

(1) 瓜果大变身:选择自己喜欢的美工材料装饰冬瓜、南瓜、红薯、芋头等瓜果。

(2) 种子贴画:搜集各种农作物的种子,发挥想象,组合成画。

3. 科学区。

(1) 分豆豆:收集各种豆豆,尝试用工具将混杂在一起的豆豆分开。

(2) 神奇的口袋:摸一摸,感受秋天农作物的触感、外形等特征,并尝试用语言表述,请同伴猜出答案。

(3) 自然角:红薯、芋头盆栽,观察并记录它们的生长过程。

4. 益智区。

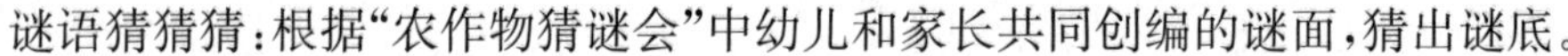

谜语猜猜猜:根据“农作物猜谜会”中幼儿和家长共同创编的谜面,猜出谜底。

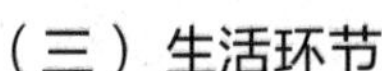

(三) 生活环节

鼓励幼儿将自己采摘的毛豆、南瓜、花生等送到厨房,请厨师阿姨帮忙做成可口的菜肴、点心(如水煮毛豆、南瓜饼、蒸南瓜、水煮花生、蒸山芋等)。如果条件允许,幼儿可以参观食物制作的过程,体验食物烹制的奇妙变化。在品尝食物的过程中,体验劳动、分享的乐趣。

(四) 家园共育

1. 在日常生活中,引导幼儿发现农作物与生活的密切关系,了解它们的主要作用及特征。

2. 邀请家长与孩子共同搜集有关农作物的实物、图片、照片等,丰富幼儿的知识与经验。

3. 请家长带着孩子走进田野,观察、比较各种农作物的果实,鼓励幼儿用比较连贯的语言表达丰收的喜悦。

第五部分：资源菜单

（一）经典案例

1. 丰收的田野（谈话活动）

活动目标

1. 认识家乡的主要农作物，例如红薯、大豆、水稻、玉米等。

2. 了解大豆等农作物的生长过程。

3. 懂得爱惜粮食、尊重劳动人民。

活动准备

1. 奇妙的口袋：里面装有红薯、大豆、水稻、玉米等农作物。

2. 农作物加工成的食品，如水煮花生、水煮毛豆、烤红薯、南瓜饼、毛芋头、玉米饼、刀切馒头等。

3. 大豆生长的视频。

活动过程

1. 出示奇妙的口袋，引导幼儿用语言描述对农作物的触摸体验。

● 教师：秋天到了，田野丰收了，农民伯伯将一些农作物的果实藏在奇妙的口袋里，请大家来摸一摸、说一说、猜一猜。

● 提问：摸上去有什么感觉？是什么形状的？

引导幼儿练习句式“它摸上去是……”，尝试从物体表面的光滑度、软硬度和形状来描述。鼓励其他幼儿根据同伴的描述猜出口袋里的实物名称。

● 幼儿取出实物验证自己的描述和大家的猜想。

● 游戏继续，直至口袋里的农作物都被取出。

2. 讨论交流，了解大豆的生长过程。

● 教师：大豆从哪来的？

引导幼儿自由讨论交流。

● 结合视频引导幼儿感知大豆的生长过程。

教师:大豆的一生要经历种子萌发、出苗、幼苗生长、分枝、结荚、鼓粒、成熟等过程。

● 讨论:别的农作物是怎么来的呢?

幼儿选择自己喜欢的农作物,与同伴讨论、交流。

3. 经验拓展,知道农作物在生活中的用途。

● 教师:大豆有什么用? 你还知道哪些农作物的用途?

幼儿结合自己的生活经验分享、交流。

● 教师:大豆可以供人们食用,还能压榨成大豆油;玉米可以制作成玉米糖、玉米饼等;番薯可以制作成薯片、番薯干等 ,我们的生活离不开农作物。

4. 自助分享,品尝农作物加工的食品。

● 出示食品,幼儿选择 3 种品尝。

教师:你吃的是什么? 它是用哪种农作物做成的? 这种农作物还可以加工成什么食品?

● 幼儿一边品尝,一边交流讨论,再次感受人们的生活与农作物密不可分。

2. 蔬菜歌(儿歌)

活动目标

1. 学念儿歌,了解一问一答的儿歌形式。
2. 尝试根据蔬菜的颜色、外形等特征仿编儿歌。
3. 体验秋天丰收的乐趣。

活动准备

蔬菜实物(青菜、茄子、黄瓜、菜椒、韭菜、西红柿、蘑菇等);彩笔;问题卡片。

活动过程

1. 观察蔬菜,感知蔬菜特征。

● 出示青菜、茄子、黄瓜、菜椒等蔬菜,提问:这是什么菜? 它是什么样子的?

鼓励幼儿运用多种感官感知,并用语言表达自己的感官体验。

2. 一问一答,学习儿歌内容。

● 教师:刚才我们观察了许多蔬菜,它们长得一样吗?

● 完整欣赏儿歌。

● 采用问答的形式，学习儿歌。

教师：什么生来绿油油？	幼儿：青菜生来绿油油。
什么生来像弯钩？	茄子生来像弯钩。
什么生来带着刺？	黄瓜生来带着刺。
什么生来打灯笼？	菜椒生来打灯笼。

当幼儿熟悉内容后，师幼交换角色。

3. 简单创编，体验问答式儿歌的有趣。

● 教师：《蔬菜歌》和我们以前学过的儿歌有什么不同？

这是一首问答式的儿歌，可以老师问小朋友答，也可以男生问女生答。

● 教师：《蔬菜歌》从颜色、形状、触感等方面说出了蔬菜的不同之处，真有意思！我们也来挑战一下自己，创编我们的蔬菜歌吧！

出示南瓜、西红柿、蘑菇等蔬菜，讨论规则：幼儿四人一组，自主选择一种蔬菜，仔细观察，将观察的结果记录在问题卡上，然后大家轮流用一问一答的形式说一说。

● 引导幼儿用绘画的方式将蔬菜的特征记录下来，为幼儿创编儿歌做准备。

● 各组用问答的形式展示创编成果，注意提醒幼儿倾听同伴的交流。

鼓励幼儿带着记录纸展示创编成果，在个别幼儿遇到困难时及时提醒。对幼儿的表现给予肯定和赞扬。

3. 农作物猜谜会(猜谜)

活动目标

1. 了解几种常见农作物的谜语。
2. 初步掌握谜语的特点，尝试按物体的主要特征来猜谜语。
3. 对猜谜语感兴趣，乐意在集体面前表达自己的想法。

活动准备

1. 两只盒子，里面分别装有番茄和玉米。
2. 在生活区、自然角预先投放一些农作物，如花生、黄豆、芝麻等。

活动过程

1. 设置悬疑，激发幼儿对猜谜的兴趣。

● 教师：这里有两只盒子，盒子里都藏着一样东西。老师只能告诉你们这个东西是什么样子的、有什么用，请小朋友们来猜一猜，看谁能猜出里面藏的是什么。

2. 第一次猜谜。

● 教师：圆圆脸儿像苹果，又酸又甜营养多，既能做菜吃，又可当水果。

请猜出来的幼儿和身边的小朋友悄悄交流一下。

● 出示第一只盒子中的番茄，公布谜底。

● 引导幼儿分析谜面：

“圆圆脸儿像苹果”讲的是番茄的什么？（番茄的形状和颜色）

“又酸又甜营养多”讲的是番茄的什么？（番茄的味道）

“既能做菜吃，又可当水果”讲的是什么？（番茄的食用方法）

● 教师：儿歌中的四句话都和番茄有关系，但儿歌中并没有“番茄”两个字，而是让小朋友猜，这就是谜语。

3. 第二次猜谜。

● 教师：一物生得真奇怪，腰里长出胡子来，拔掉胡子剥开看，露出牙齿一排排。

● 幼儿与身边的小朋友悄悄交流答案。

● 验证谜面与谜底猜想是否一致。

● 鼓励幼儿大胆地表达猜测理由：你们怎么猜出是玉米的？

● 教师：这四句话中虽然没有“玉米”这两个字，但把玉米的特点讲出来了，所以小朋友一下就能猜出来。

4. 第三次猜谜。

● 教师：麻屋子，红帐子，里面住个白胖子。

● 要求猜出来的幼儿不直接讲出答案，而是在教室里去找出谜语中的物品。

● 引导找到的幼儿仔细观察花生的特点，互相交流，分析谜面。

5. 分组交流，鼓励幼儿协作猜谜。

● 幼儿自由组合，四人一组围坐成一个小圆圈，合作猜谜。

● 教师每次朗读一则谜语，幼儿猜出后，就出示挂图，引导幼儿看看、讲讲。

● 幼儿自编谜语，请同伴猜一猜。

备选谜语：

高高个儿一身青，金黄圆脸喜盈盈，天天对着太阳笑，结的果实数不清。（向日葵）

一顶小伞，落在林中，一旦撑开，再难收拢。（蘑菇）

红公鸡，绿公鸡，身子钻在泥底下，你要捉住它，揪住尾巴用力拔。（萝卜）

活动延伸

请幼儿回家和爸爸妈妈一起编谜语，写在纸上带到幼儿园，大家一起猜一猜。

4. 彩色牛奶（故事）

活动目标

1. 借助故事中神奇的想象，引发对蔬菜颜色特征的关注。

2. 学说句型“我给奶牛吃×色的蔬菜，就挤出×色的牛奶，我喝了就变成×色的×”，并能根据故事的情节大胆创编，自主表达。

3. 理解故事，感受故事中夸张神奇的情节所带来的快乐。

活动准备

1. 各种蔬菜图片，如：红红的番茄、绿色的青菜、黄色的胡萝卜、紫色的茄子等。

2. 三头“奶牛”（纸箱制作）。

活动过程

1. 提问导入，梳理关于“奶牛”的经验。

● 出示奶牛图片，提问：你们知道奶牛有什么本领吗？奶牛挤出来的奶是什么颜色的？

● 教师：小朋友喝的纯牛奶就是从奶牛身上挤出来再经过加工而成的。

2. 借助图片，认识各种颜色的蔬菜。

● 教师：农场里的牛大叔为奶牛准备了几种不同颜色的蔬菜，看看有哪些。

● 幼儿联系生活经验，充分表达自己对蔬菜的认识。

● 教师：不同颜色的蔬菜有着不同的营养，多吃蔬菜身体才会更健康。

3. 预测欣赏，了解故事情节。

● 教师：牛大叔有一头非常神奇的奶牛，喂它吃什么颜色的蔬菜就会挤出什么颜色的奶。森林里的小动物听说有这么神奇的奶牛，都想来试试。

● 根据故事情节发展逐一提问：

① 小白兔会喂奶牛吃什么？挤出什么颜色的牛奶？小白兔喝了会发生什么奇怪的事呢？

鼓励幼儿发挥想象，预测故事情节。

小结：小白兔给奶牛吃(橙色的)胡萝卜，就挤出橙色的牛奶，小白兔喝了变成了一只橙色的小兔。

② 小黑猫想喝绿色的牛奶，它会给奶牛吃什么蔬菜呢？谁能看着图来说说这件奇怪的事？

鼓励幼儿根据颜色说出不同的蔬菜。

③ 灰狐狸听说有这么神奇的奶牛也赶来了，它想让自己变成一只红狐狸该怎么办呢？

鼓励幼儿用完整的话表述。

4. 练习句式，尝试创编。

● 教师示范创编：我给奶牛吃红色的辣椒，就挤出红色的牛奶，我喝了就变成红色的×老师。

● 幼儿自主创编：我给奶牛吃了……，就挤出……的牛奶，我喝了就变成……

鼓励幼儿大胆表达。

● 师幼共同将创编的新故事情节，替换原故事内容，体验创编的乐趣。

5. 律动“挤牛奶”，结束活动。

附故事

彩色牛奶

牛大叔带来一头神奇的奶牛，喂它吃什么颜色的蔬菜，就会挤出什么颜色的牛奶。

小白兔给奶牛吃橙色的胡萝卜,就挤出橙色的牛奶,小白兔喝了,变成了一只小橙兔。

小黑猫给奶牛吃绿绿的青菜,就挤出绿绿的牛奶。小黑猫喝了,变成了一只小绿猫。

小花鹿给奶牛吃紫紫的茄子,就挤出紫紫的牛奶。小花鹿喝了,变成了一只小紫鹿。

灰狐狸给奶牛吃红红的西红柿,就挤出红红的牛奶。灰狐狸喝了,变成了一只红狐狸。

小动物们喝了牛奶就会变一个新的自己,高兴极了。可是,他们还能变回原来的自己吗?牛大叔说:只要再喝一杯和自己原来一样颜色的奶,就变回来了。从此,小动物们想变什么颜色的样子,就给奶牛吃什么颜色的蔬菜。动物世界变得五彩缤纷,更加美丽了。

(常瑞/文,刘霞/改编)

5. 捉迷藏(散文诗)

活动目标

1. 理解散文诗内容,感受散文诗中的有趣意境。
2. 学习用“××躲在××里”的句式进行仿编。
3. 体验创编活动的快乐。

活动准备

1. 丰富幼儿有捉迷藏的游戏经验。
2. 课件;背景音乐;红、黄、蓝、绿标记。

活动过程

1. 玩“捉迷藏”游戏,引起幼儿兴趣。

● 教师:今天我们来玩一个捉迷藏的游戏,小朋友们赶快找一个地方躲起来,老师开始数数,数到 5 的时候老师就来找你们。

● 教师:有一首散文诗的名字也叫《捉迷藏》,是谁和谁在捉迷藏呢?我们一起来欣赏。

2. 教师配乐朗诵,幼儿初步欣赏。

● 提问:太阳和谁在玩捉迷藏?有哪些颜色宝宝?他们都躲在哪里?

鼓励幼儿大胆表达对散文诗的初步理解。

3. 再次欣赏散文诗,理解诗句含义。

● 教师:颜色宝宝们都躲在哪里?

引导幼儿学说“××躲在××里”的句式。

● 教师:为什么黄色喜欢躲在菊花里?

鼓励幼儿根据自己的理解大胆表达观点。

4. 多种方式,感受散文诗的意境美。

● 分角色朗诵。教师念第一段和最后一段,幼儿念中间段落。

● 重点感受第一段和最后一段。

教师:是谁将太阳的眼睛蒙起来的?颜色们是怎么躲起来的?(感受静悄悄的意境)

教师:太阳把颜色宝宝都找到后的心情怎么样?(体验游戏开心、兴奋的心情)

5. 师幼完整朗诵散文诗。

● 引导幼儿将开头静悄悄和结尾兴奋的感觉念出来。

● 鼓励幼儿用语言和动作表现散文诗。

6. 游戏体验,尝试用固定句式替换散文诗内容。

● 教师:这里有许多颜色标记,选一个你喜欢的贴在身上,你就变成颜色宝宝了。

● 提问:你是什么颜色宝宝,你会躲在哪里?为什么?

再次练习句式:××躲在××里。

● 介绍游戏规则:教师扮演太阳,当念到“颜色们赶紧找个自己喜欢的地方,静悄悄地躲起来”时,颜色宝宝们要找到和自己颜色一样的物品躲起来。太阳只好一个一个来找。当颜色宝宝被找到时,你要大声地告诉我们:××躲在××里。

● 第一遍游戏结束后,交换颜色标记再次游戏。

附散文诗

捉迷藏

黑夜用长长的手帕，把太阳的眼睛蒙起来了，趁它还在数着：一、二、三、四……颜色们赶紧找个自己喜欢的地方，静悄悄地躲起来。

绿色躲在草丛里，黄色躲在菊花里，红色躲在枫叶里，蓝色躲在天空里，白色躲在云朵里……

大家都躲好了，黑夜就把手帕解开，太阳睁开眼睛，一下子就把它们都找出来啦！

（谢武彰）

（二）备选素材

秋的画报（诗歌）

黄澄澄的梨，
红彤彤的枣，
金灿灿的苹果，
亮晶晶的葡萄，
风娃娃钻进树林，
在翻着——彩色的画报。

棉 花（儿歌）

棉花，棉花，白又白，
好像白云天上来。
我把白云摘回家，
纺成棉线织成纱。

向日葵（儿歌）

向日葵，向阳开，
追着太阳把头抬。
太阳亲它圆脸蛋，
香香瓜子长出来。

主题二：冬爷爷的信

（中班·上）

第一部分：主题背景及目标

（一）主题背景

冬天来了，冬天是什么时候来的？是怎么来的呢？那一堆堆飘落的树叶，一阵阵呼啸的寒风，一片片飞舞的雪花，可能就是冬爷爷给我们寄来的信吧！信中会写什么？是报告冬季的来临，还是预报年节的开始？谁会收到信？小动物收到信会是什么反应？我们的小朋友如果要给冬爷爷回一封信，会写些什么呢？是光秃秃高高的树枝上显而易见的鸟窝，是随处可见的沟渠里亮晶晶的冰块，还是堆雪人、打雪仗、滑冰块，玩得不亦乐乎的心情？

就让孩子们在一起说一说冬天的乡村田野的变化，在教师的带领下念一念冬天的儿歌，感受散文、诗歌的优美意境，仿编出精彩儿歌，共同感受冬天的美好。

转眼，新年将近，讲一讲有趣的"年"故事，说一说祝福的话，大家动手包饺子、裹馄饨、做年糕，在浓浓的乡村年味中既感受着中国传统节日的魅力，又提高了语言表达能力和探索、动手的能力。

（二）主题目标

1. 通过"欣赏和回复冬爷爷的信"等活动，鼓励幼儿用完整的语句表达自己对周围乡村环境中冬天景物观察的结果，学习使用"光秃秃""冰冷""白茫茫"等词汇，大胆交流分享自己的发现。

2. 请幼儿向爷爷奶奶了解关于"年"的民间传说和风俗习惯，初步理解"年"的含义。

3. 激发幼儿参与元旦庆祝活动的热情，鼓励他们用甜甜的话表达祝福，体验新年给大家带来的快乐。

（三）关键经验

1. 把冬天特有的事物(雪)想象成冬爷爷的信,尝试将其他冬季特征用“写信”的方式表达出来。

2. 能基本完整地讲述自己的所见所闻和经历的事情。

（四）核心词汇

收信、回信、冬天在哪里、红彤彤的年、甜甜的话、讲述。

第二部分：资源准备

（一）经验准备

观察周围乡村环境中冬天景物的变化;初步了解本地的新年风俗。

（二）材料准备

1. 漂亮的信纸和彩笔。
2. 有关节日布置装饰的材料。

（三）社区与家长资源

1. 带领幼儿走进小区、公园,寻找冬爷爷的“信”。
2. 与乡村社区或村委会联谊,开展新年庆祝活动。

第三部分：领域渗透

（一）户外实践

1. 鸟窝有几个,小草在哪里:幼儿走进农田,观察麦苗和蔬菜的生长景象,一路上数数树上的鸟窝,找找小草的踪迹。

2. 冰块拖着走,跟着雪花舞:根据天气的变化,和幼儿一起玩雪、玩冰,充分感受大自然的奇妙。

（二）健康领域

我的运动计划表:尝试制订和介绍自己的运动计划表,积极参加室外锻炼。

（三）社会领域

儿歌《腊月歌》:二十三,糖瓜粘;二十四,扫房日;二十五,做豆腐;二十六,炖羊肉;二十七,杀只鸡;二十八,把面发;二十九,蒸馒头;三十晚上熬一宿,大年初一扭一扭。

（四）科学领域

冬天在哪里:了解冬季的天气、动植物在冬天的变化以及人们在冬天的生活。谈谈抵御寒冷的办法,了解取暖用具的正确用法,注意使用时的安全。

（五）艺术领域

将“冬爷爷的信”和“给冬爷爷的回信”展示在主题墙上进行装饰。

第四部分:一日生活拓展

（一）学习环境

1. 墙面日记。

在活动室创设“给冬爷爷的信”主题墙:以大大的信纸作为底板,上面排列幼儿给冬爷爷的回信。

2. 室内装饰。

用剪纸、拉花、灯笼等装饰活动室,主色调为中国红,烘托过年的气氛。

在幼儿园大厅做一棵“新年心愿树”,鼓励幼儿用绘画、剪贴或成人记录的形式将自己的心愿记录下来。

（二）区域活动

1. 语言区。

提供信纸、彩笔和旧图册,鼓励幼儿用绘画、成人记录或剪贴的方法给冬爷爷回信。

2. 美工区。

(1) 做贺卡:制作贺卡,请家长记录"甜甜的话",学会表达祝福。

(2) 给冬爷爷的回信:将"写"给冬爷爷的信进行装饰。

3. 科学区。

(1) 拖冰坨:说说自己是如何将稻草穿过冰块的,了解冰的形成。

(2) 稻草拼图:在拼摆图形的过程中,说说自己拼的是什么,是如何拼摆的,感受方位的变化。

4. 建构区。

投放树枝、筷子、吸管、纸条等废旧材料,尝试拼搭"大大的鸟窝"。

5. 表演区。

进行儿歌《新年到》的排练,在元旦庆祝活动中表演给家人或客人看。

(三) 生活环节

1. 在餐前饭后和孩子一起玩手指游戏:包饺子。

切切菜,(伸出食指和中指做切菜动作)

和和面,(小手摊开)

擀擀皮,(右手在左手上做擀皮状)

捏捏饺子,(大拇指和食指捏一捏)

捣捣蒜,(大拇指弯一弯)

香喷喷的饺子给谁吃?(右手把左手指包起来,盖住,问孩子,然后孩子说给谁吃,就把饺子递到谁嘴边)

2. 请家长带领孩子一起大扫除,鼓励孩子做力所能及的家务活,说说"我会做的事",感受迎新年的喜悦气氛。

(四) 家园共育

1. 亲子活动:包饺子。家长和幼儿一起和面、做馅儿、包饺子、煮饺子、尝饺子,感受劳动的快乐。

2. 家长向孩子介绍本地乡村的一些习俗,如冬至、腊八节吃什么等。

3. 在春节期间,引导孩子说"甜甜话",表达对周围人和同伴的美好祝愿。

第五部分：资源菜单

（一）经典案例

1. 冬爷爷的信（散文）

活动目标

1. 通过倾听、感受与表达，初步理解散文的主要内容。
2. 根据图片中提供的线索大胆猜测动物过冬的方式。
3. 乐于参加体育锻炼，不怕寒冷，增强体质。

活动准备

1. 初步了解动物的过冬方式。
2. 图片，信封，雪花，录音（风声、故事、音乐）。

活动过程

1. 风声导入，引出主题。

● 教师：听，这是什么声音？（风的声音。）今天它是邮递员，给我们送来了一封信呢！看看信里面是什么？

看到雪花，你们猜猜这是谁寄来的信？

● 教师：冬天到了，冬爷爷要给大家写信，用雪花片作信纸，请风当邮递员。

2. 观察图片，了解内容。

● 教师朗诵散文。

教师：偷懒的邮递员，每到一个地方，就把信往上一抛。信都落到了哪些地方？哪些小动物看到了？

出示图片1（小熊洞口）：小熊拆开信，看到雪花会想到什么？猜猜它会怎么说呢？

出示图片2（山坡、老虎）：虎大哥看到了信，他会怎么说呢？

● 鼓励幼儿大胆想象、猜测小动物们收信后的反应。

● 教师：收到冬爷爷的信，小动物们知道天气变冷了，自己要赶紧做好准备。小熊躲到洞里睡觉，老虎赶紧换上厚厚的毛衣。

● 出示图片 3(池塘、树林):信还落到了哪儿? 小池塘里、树林中会有哪些动物看到信呢? 它们会说什么呢?

鼓励幼儿与同伴进行讨论,大胆在小组中表达自己的见解,互相分享关于动物过冬的知识。

● 幼儿讲述,教师梳理总结动物的过冬方式:原来动物的过冬方式都不一样,有的冬眠,有的储备粮食,有的换毛,有的迁徙。

3. 完整欣赏,感受意境。

● 引导幼儿边看图边欣赏配乐散文。播放音乐,烘托活动温馨而有趣的气氛,鼓励幼儿尝试跟着录音一起讲述。

4. 发挥想象,提升经验。

● 教师:冬爷爷可真好,写了那么多信。他不仅关心小动物,还非常关心小朋友。他会在信中对小朋友说什么呢? 我们来猜一猜!

鼓励幼儿大胆想象,充分表达。

● 教师:冬爷爷鼓励我们小朋友冬天里不怕冷,多运动。我们小朋友能做到吗?

5. 户外运动,结束活动。

附散文

冬爷爷的信

冬爷爷要给大家写信,用雪花片作信纸,请风当邮递员。偷懒的邮递员,每到一个地方,就把信往上一抛。有的信掉到了小熊洞口,有的信落到了山坡上,出来找食物的虎大哥,也衔了一片回家。池塘里,树林中,到处都有冬爷爷的信,怕冷的动物赶紧躲了起来。小朋友,你怕冷吗? 冬爷爷说:"勇敢、爱运动的孩子不怕冷!"

2. 给冬爷爷的回信(综合)

活动目标

1. 用较完整的话表达对冬天主要特征的认识。
2. 了解"写信"这种交流形式,尝试用绘画或成人记录的方式给冬爷爷"回信"。
3. 积极参与到回信活动中,乐意表达自己的想法和意见。

活动准备

1. 幼儿已有到园内、小区或公园寻找冬天的经验，观察过光秃秃的树枝、高高的鸟窝、结冰的河流、枯黄的小草等。

2. 将白纸裁成雪花或其他形状作信纸，彩笔，旧画报等。

活动过程

1. 复习散文，导入活动。

● 教师：小朋友们，还记得冬爷爷给我们寄的信吗？他用什么作信纸，请谁当邮递员的？送给了谁呢？

● 师幼一起朗诵散文《冬爷爷的信》。

2. 引发回忆，讲述发现。

● 教师：冬爷爷给我们寄来了信，告诉我们冬天来了的消息，你们发现冬天了吗？冬天在哪里呢？

鼓励幼儿根据已有经验大胆表达。

● 出示在小区或公园寻找冬天的照片，与幼儿共同回忆冬天的特征，鼓励幼儿大胆表达对冬天的认识，如：

有的树枝光秃秃的，高高的树上有鸟窝；

小河边的小草都枯黄了，早上小河会结冰；

田野里小麦苗长高了，青蛙和蛇躲到泥洞里冬眠了；

我们穿上了厚厚的棉衣、羽绒服；

下大雪了，我们玩雪，堆雪人……

3. 自由绘画，尝试回信。

● 教师：我们找到了冬天，如果把这个好消息告诉冬爷爷，他一定会很高兴的！怎么告诉冬爷爷呢？我们一起给冬爷爷回信吧！

你想告诉冬爷爷什么呢？用什么方式给他回信呢？

幼儿交流、讨论回信的方式和内容。

● 幼儿创作，教师指导。

出示操作材料，鼓励幼儿自主选择，用自己喜欢的方式给冬爷爷回信。

4. 展示回信，讲解内容。

● 教师：请小朋友把自己给冬爷爷写的信说给大家听听，说的时候要加上："冬爷爷,你好！我发现了……冬爷爷再见!”

● 幼儿讲述回信的内容。

鼓励幼儿大胆讲述自己的回信,分享关于冬天的认识。

活动延伸

在区域活动时,将自己的信装饰漂亮,展示在主题墙上。

3. 年的传说(故事)

活动目标

1. 通过欣赏传说故事,了解“年”的来历。
2. 了解过年的习俗,感受过年热闹、喜庆的气氛。
3. 乐意参与活动,能大胆地表达自己的想法。

活动准备

故事图片。

活动过程

1. 出示图片“年”，了解关于“年”的传说。

● 教师：小朋友们，快过年了，可你们知道年是什么吗？人们为什么要过年呢？

鼓励幼儿自由表达对“年”的了解。

● 教师讲述故事前半部分。

2. 观察图片，了解摆脱“年”的方法。

● 教师：你们愿意就这么被“年”吃掉吗？有什么办法赶走“年”呢？

幼儿自由猜测，教师鼓励他们围绕主题与同伴进行讨论。

● 教师（出示故事图片）：这些就是赶走“年”的办法，你看懂了吗？你看懂了哪一幅图？谁愿意向大家介绍一下。

① 放鞭炮。为什么“年”听到鞭炮声会吓得躲起来呢？（热闹的声音让“年”感到害怕）那过新年时还有什么声音也很热闹，也能把“年”赶走呢？（敲锣打鼓声）

② 红灯笼。为什么大红灯笼高高挂就能把“年”吓跑？（喜庆的红色让“年”感到害怕）新年中，还有哪些东西也是红色的，也会让“年”感到害怕呢？

③ 年夜饭。为什么过年时要做一桌美味佳肴呢？这些美味是给谁准备的？一家人坐在一起吃年夜饭是什么感觉？（热闹、温馨）而“年”只是孤零零的一个人，所以他害怕看到一家人团团圆圆、热热闹闹地在一起。

④ 穿红衣跳舞。一群人穿红衣跳舞，特别热闹，“年”可是很怕热闹的呢！

⑤ 年画。小朋友手里拿了什么？（年画，里面隐含着吉祥的意思）为什么要贴年画呢？（喜庆，热闹才能赶走“年”）除了年画之外，过年时我们还要贴什么？

⑥ 拜年。拜年时要说什么？（各种吉祥话）当你听到吉祥话时你的心情是怎样的？（甜甜蜜蜜的）那还会害怕“年”吗？（不会）“年”是最害怕看到开心的人了！

● 教师：原来“年”害怕响声，害怕鲜艳的红色，害怕团团圆圆，害怕一切热闹、开心的东西。

3. 经验提升，丰富各地过年的习俗。

● 教师：你记得过年时的情景吗？你们家是怎样过年的呢？

引导幼儿回忆、分享关于过年的生活经验。

● 观察图片，了解各地过年的习俗。

教师：中国人非常重视过年，过年的时候，各地都有很多的风俗习惯。

① 团圆饭：团团圆圆。

② 到各家各户拜年：互相祝福。

③ 舞龙灯、舞狮：欢腾喜庆。

④ 踩高跷：节节高升，步步高。

⑤ 包饺子做馄饨：庆祝大家长大了。

⑥ 做年糕：年年高升。

● 教师：每个地方过年的习俗都不一样，但有一样是相同的，那就是大家都是热热闹闹、喜气洋洋、快快乐乐地过年。这样，“年”就不敢出来吃人了。

4. 游戏“卷炮仗”，感受热闹的气氛。

● 游戏玩法：幼儿手拉手站成一个大圆圈，头尾不要连接，全体幼儿边唱歌边向内走成螺旋形。歌曲结束时全体幼儿蹲下，教师用手指点某个幼儿，同时嘴里发“呲”的声音表示点炮声，该幼儿站起叫“嘭”，接着全体幼儿站起向上跳，同时嘴里叫“啪”。

附故事

年的故事

腊月三十除夕，相传中国古时候有一种叫“年”的怪兽，长得青面獠牙、尖角利爪，凶恶无比。年长年深居山中，每到除夕才下山吞食牲畜伤害人命。因此，每到除夕这天，人们都离家躲避年兽的伤害，把这个称为“过年”。

某年除夕，人们正扶老携幼上山避难，从村外来了个乞讨的老人。人们有的关窗锁门，有的收拾行装，到处一片匆忙恐慌景象，没有人关心这乞讨的老人，只有村东头一位老奶奶包了饺子请老人吃，劝他快上山躲避年兽。为了报答老奶奶的好心，老人告诉她年最怕红色、火光和炸响，要她穿红色的衣服，在门上张贴红纸，点上红烛，在院内燃烧竹子发出炸响，就能赶走年。老奶奶赶紧把这个好消息告诉了大家。

到了半夜，年兽闯进村，发现村中灯火通明，它的双眼被刺眼的红色逼得睁不开，又听到有人家传来响亮的爆竹声，于是浑身战栗地逃走了。从此人们知道了赶走年的方法，每年除夕家家贴红对联、燃放爆竹；户户烛火通明、守更待岁。初一一大早，还要走亲串友道喜问好，恭贺对方躲过了年兽的肆虐。后来这风俗越传越广，成了中国民间最隆重的传统节日。

4. 冬天是什么(散文)

活动目标

1. 欣赏散文，了解动物不同的过冬方式。
2. 尝试运用“冬天呀，就是……”的句式描述小动物过冬的方式。
3. 感知冬季的各种自然现象，体验散文的优美意境。

活动准备

1. 丰富经验，了解冬季与人们生活及动植物之间的关系。
2. 图片，背景音乐。

活动过程

1. 谈话导入活动。

● 教师：冬天已经到了，冬天到底是什么样的呢？

鼓励幼儿自由谈论。

2. 调动经验，理解内容。

● 教师：小动物们是怎样过冬的呢？让我们一起来看一看、听一听。

● 出示图片，教师朗诵散文前半部分。

分层提问：

① 小动物过冬的方式一样吗？哪些小动物要冬眠？什么叫冬眠？

② 燕子、杜鹃和大雁是怎么过冬的？

● 观察图片，理解其他动物的过冬方式。

教师：松鼠、兔子和绵羊是怎么过冬的？小蚂蚁在冬天做什么？

引导幼儿用“冬天呀，就是……”的句式说一说。

● 提问：小朋友在冬天做些什么？

鼓励幼儿联系生活经验，大胆讲述人们在冬天里的活动。

3. 配乐朗诵，完整欣赏。

● 教师完整朗诵。

● 配上背景音乐师幼一起朗诵。

4. 仿编散文，提升经验。

● 教师：你们还知道哪些动物？它们是怎样过冬的？能不能编到散文里去呢？

引导幼儿在理解散文的基础上尝试仿编小鱼、小老鼠、小乌龟和蜗牛等动物过冬的方式。

活动延伸

引导幼儿以绘画的形式表现动物过冬的情景，鼓励他们积极和同伴交流动物过冬的趣事。

附散文

冬天是什么

青蛙、小熊和蛇说：“冬天呀，就是在树洞里美美地睡上一觉，等到春风吹来的时候，再醒来找东西吃。”

燕子、杜鹃和大雁说：“冬天呀，就是飞到温暖的南方，度过一个舒适的冬天，等到春暖花开的时候再飞回北方。”

松鼠、兔子和绵羊说：“冬天呀，就是换上一件厚厚的毛大衣，暖暖和和地过日子。”

小蚂蚁说：“冬天呀，就是躲在树洞里，美美地吃秋天搬回来的好多食物。”

小朋友们说：“冬天呀，就是穿上棉袄，戴上棉帽，高高兴兴地坐上雪橇，堆雪人，打雪仗。冬天呀，就是我们快乐的时光。”

5. 新年到(儿歌)

活动目标

1. 理解儿歌内容,知道新年的特殊意义。
2. 愿意大胆朗诵、表演儿歌、初步尝试仿编儿歌,发展语言表达能力。
3. 体验新年给人们带来的欢乐。

活动准备

1. 儿歌内容相关的图片,热闹的背景音乐和鞭炮声。
2. 布置跟新年有关的环境,烘托喜庆的气氛。

活动过程

1. 音画导入,讨论新年。

● (播放热闹的背景音乐和鞭炮声)教师:是什么事那么热闹?(鼓励幼儿大胆猜想)你觉得什么是新年?你为什么喜欢新年?

2. 借助图谱,理解儿歌。

● 教师:新年到了,小朋友的穿戴和平时有什么不一样?

用儿歌的语言小结:新年到,新年到,幼儿园里真热闹,穿新衣,戴新帽,小朋友们哈哈笑。

● 教师:过新年的时候我们会做一些什么特别的事情?

出示图片,用儿歌的语言小结:新年到,新年到,敲锣打鼓放鞭炮,你唱歌,我舞蹈,恭喜大家新年好!

3. 多种方式,学习儿歌。

● 整体欣赏,理解内容。

● 借助图谱,学念儿歌。

● 男女分组,轮流朗诵。

● 小组轮流,表演儿歌。

4. 拓展经验,仿编儿歌。

● 教师:过新年的时候,我们还会做什么呢?能像儿歌里一样,用三个字说一说吗?

鼓励幼儿讨论、分享，教师用简笔画的形式记录。

● 引导幼儿尝试用新编的内容替换儿歌中的事物，进行仿编活动。

5. 音乐游戏，感受快乐。

一起表演音乐游戏“新年好”。

附儿歌

新年到

新年到，新年到，
幼儿园里真热闹，
穿新衣，戴新帽，
小朋友们哈哈笑。
新年到，新年到，
敲锣打鼓放鞭炮，
你唱歌，我舞蹈，
恭喜大家新年好！

（二）备选材料

冬天来到了（儿歌）

冬天来到了，北风呼呼叫。
小鸟钻进窝，小猪睡懒觉。
我们小宝宝，天天起得早。
跑跑又跳跳，身体暖和了。

下雪天(儿歌)

下雪天,真好看,房子变成胖老汉。
小树好像大白伞,地上铺了白地毯。
我也变成小神仙,嘴巴鼻子冒白烟。

谜语

小白花,没人栽,
随北风,遍地开。
没根没叶没枝干,
飘飘扬扬天上来。(雪花)

主题三：好玩的语言游戏

（中班·下）

第一部分：主题背景及目标

（一）主题背景

语言游戏是幼儿园语言活动的一种特殊形式，是以发展幼儿口语表达能力为目的的一种规则游戏，因其互动性和趣味性强，格外受幼儿青睐。民间流传的“山上有个木头人”“城门城门几丈高”“唐僧骑马咚那个咚”等游戏经口耳相传，至今魅力不减，大受欢迎。常见的词语接龙、你说我猜等游戏形式活泼开放，颇具挑战，能促进幼儿思维的灵活性，增加词汇的积累。

本主题根据中班幼儿的年龄特点，汇集了部分浅显易懂、富有乡土气息的语言游戏，引导幼儿在听听、说说、玩玩的过程中，感受乡音、乡韵，体验语言的诙谐、韵律的奇妙，体验与同伴互动的乐趣。

（二）主题目标

1. 引导幼儿初步感知几种常见的语言游戏形式，体验语言的丰富性和韵律感。

2. 鼓励幼儿对农家生活中常见动植物的外形特征、人们的日常劳作场景及农家菜肴等进行简单、完整的语言描述，同时积累词汇，为替换游戏做准备。

3. 与幼儿一同讨论制定语言游戏规则，培养有序游戏的良好习惯。

4. 鼓励幼儿积极参与并向同伴介绍自己喜欢的民间语言小游戏，积极运用语言、动作、手工等多种形式表达对游戏的理解。

（三）关键经验

学习几种常见的语言游戏，能和同伴自然、有序地开展游戏，逐步提升耐心倾听、快速应答、完整表达的习惯和能力。

（四）核心词汇

听说游戏、手指游戏、词语接龙、倾听、表达、互动。

第二部分：资源准备

（一）经验准备

了解《西游记》的相关故事；认识常见的水果、蔬菜、花卉、农作物等，知道它们的名称，能用比较完整的语言描述其颜色、形状等外形特征。

（二）材料准备

收集水果、蔬菜、花卉、农作物的实物或照片。

（三）社区与家长资源

1. 到附近的树林、果园、养殖场、蔬菜大棚、农家土菜馆等地参观，参与播种、采摘、喂食等简单的生产劳动，丰富幼儿的经验。

2. 请家长和孩子一起搜集民间的语言游戏，完成调查表《语言游戏，我还知道……》。

第三部分：领域渗透

（一）户外实践活动

1. 走进田野，观察或参与农民伯伯的春耕春种，感受播种的忙碌景象。
2. 给家禽、家畜喂食，观察它们的外形特征，了解其基本的生活习性。
3. 参观农家土灶，观看用土灶烧菜的过程；认识常见蔬菜的名称及外形特征。

（二）健康领域

1. 顶锅盖：背着锅盖穿过高低不同的障碍，练习手膝着地爬、匍匐前进等动作，锻炼手脚协调能力，感受运动的快乐。

2. 孙悟空打妖怪：鼓励幼儿用梯子和木板自主搭建高低不同的组合，在“孙悟空打妖怪”的情境中练习攀爬、平衡、跳跃等动作，锻炼动作的协调性和灵活性，培养幼儿不怕困难、勇于挑战的意志品质。

（三）社会领域

我有几个好朋友：喜欢与人交往，能使用简单的礼貌用语；乐意和朋友玩互动游戏，遵守游戏规则。

（四）科学领域

1. 鸭子和鹅：通过观察、比较，区分鸭子、鹅的外形特征，并用较完整的语言描述，用自己喜欢的方式进行记录。

2. 水果大变身：根据水果不同的切面图，寻找、匹配相应的水果，锻炼观察细节、联系整体的能力。

（五）艺术领域

1. 炒菜歌：理解歌曲内容，能用说唱的方式进行表演，节奏准确、表情生动。

2. 唐僧骑马咚那个咚：能用好听且响亮的声音演唱歌曲，并根据不同的乐段进行表演，感受音乐游戏的乐趣。

3. 蔬果乐翻天：尝试用超轻黏土或陶泥制作各种蔬果，锻炼捏、压、搓等技能，体验自由创作的乐趣。

第四部分：一日生活拓展

（一）学习环境

1. 墙面日记。

（1）好玩的语言游戏：主要呈现幼儿在本主题中的活动轨迹，用照片的形式展示手指游戏的玩法，用词语卡片呈现、延续“词语接龙”游戏的过程；将美工区中的作品和相对应的语言游戏进行整合展示。

（2）我知道的语言游戏：展示幼儿和家长一起完成的调查表《语言游戏，我还知道……》，丰富并拓展幼儿语言游戏的经验，进一步激发参与和创编语言游戏的兴趣。

（二）区域活动

1. 阅读区。

（1）收集可以玩语言游戏的绘本（如《好饿好饿的毛毛虫》等），鼓励幼儿在阅读的过程中尝试创编手指动作，形成手指游戏。

（2）提供花卉、蔬果等实物照片，供幼儿结伴玩“你说我猜”的游戏。

（3）投放图文结合的词语卡片，供幼儿玩“词语接龙”的游戏。

2. 生活区。

（1）蜜汁番茄：提供番茄、塑料小刀、白砂糖等，幼儿尝试切番茄、拌白糖，制作蜜汁番茄。

（2）包春卷：提供春卷皮和馅，幼儿尝试包春卷。

3. 美工区。

（1）动物泥塑：利用陶土、彩泥等制作常见的小动物。

（2）个性插图：提供水彩笔、皱纹纸、花瓣、干果皮、糨糊等，鼓励幼儿用自己喜欢的方式为童谣《唐僧骑马咚那个咚》制作插图。

（3）词语卡片：投放蜡笔、水彩笔等，为词语卡片配图画。

（4）头饰道具：提供彩纸、丝巾、手帕、唐僧师徒的照片等，引导幼儿尝试制作简单的头饰和道具。

4. 科学区。

投放放大镜，幼儿观察蔬果的细节特征，并进行简单记录。

5. 建构区。

（1）小舞台：投放硬纸板、一次性纸杯等，幼儿搭建小舞台。

（2）搭灶台：利用砖块、瓦片等，合作设计、搭建灶台。

6. 表演区。

投放幼儿自己制作的头饰、道具等，引导幼儿边念童谣边表演《唐僧骑马咚那个咚》。

（三）生活环节

1. 点心时间：玩“顶锅盖”“田里的番茄”等手指游戏，巩固所学内容，避免消极等待。

2. 散步时间:和幼儿一起玩"词语接龙""你说我猜"等游戏。

3. 午睡前为幼儿讲述故事《西游记》。

(四) 家园共育

1. 请家长带孩子一起走进树林、果园、农田、农家土菜馆、养殖场等,参与播种、采摘、喂食等简单的生产劳动。

2. 家长和孩子共同收集花卉、水果、蔬菜等实物或照片。

3. 和孩子一起玩玩爸爸妈妈儿时的语言游戏,激发幼儿对方言、民风民俗及传统游戏的兴趣。

第五部分:资源菜单

(一) 经典案例

1. 唐僧骑马咚那个咚(表演游戏)

活动目标

1. 理解童谣内容,感受童谣明快的节奏特点。
2. 通过多种形式学习童谣,尝试根据童谣内容创编动作。
3. 表演童谣,感受其内容的诙谐和有趣。

活动准备

1. 幼儿对《西游记》故事和角色比较熟悉。
2. 录音,图谱,双响筒、木鱼等乐器。

活动过程

1. 出示图片,引出童谣。

● 教师:这是谁? 有一首有趣的童谣,说的就是唐僧师徒四个人的故事,我们一起来听一听。

2. 播放录音,回忆童谣。

● 教师:童谣里说了什么? 发生了什么事?

● 幼儿大胆表达,教师根据回答出示相应图谱。

3. 多种形式,学习童谣。

● 教师:看着图谱,我们一起来念一念。

速度可先慢后快,并引导幼儿尝试有节奏地念。

● 教师:这首童谣念起来有什么特别的地方?

启发幼儿发现童谣的规律,初步感受押韵和首尾连接带来的乐趣。

● 教师:这首童谣中的句子,上一句的末尾都做了下一句的开头,这叫作连锁调。发现了这个规律我们就可以更快地记住这首童谣。

● 教师:怎样使这首童谣念起来更朗朗上口呢?

● 出示双响筒、木鱼等乐器,教师:这些乐器你们都认识吗?请它们来帮忙,我们一边打节拍,一边有节奏地念,会更有意思哦!

邀请几位幼儿和教师一起用乐器打节拍,其他幼儿随节奏念童谣,可反复交换多次。

4. 创编动作,表演童谣。

● 教师:他们师徒四人各有什么特征?你想表演哪一段?和你身边的小朋友说一说、做一做。

激发创编兴趣,启发幼儿和同伴合作创编。

● 教师:谁来把创编的动作表演给大家看?

肯定大胆表现,动作有特别之处

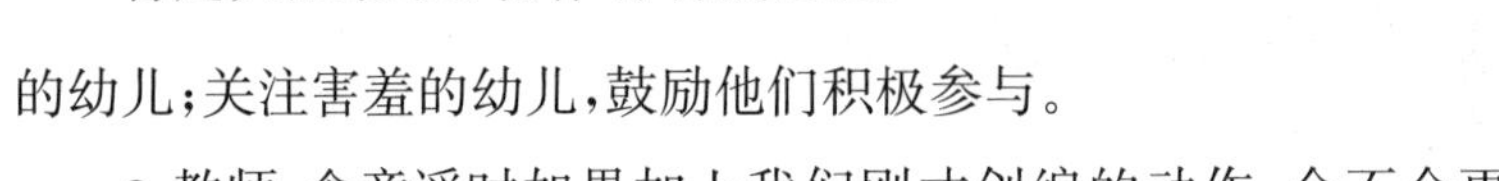

的幼儿;关注害羞的幼儿,鼓励他们积极参与。

● 教师:念童谣时如果加上我们刚才创编的动作,会不会更有趣呢?一起来试试吧!

● 幼儿边念童谣边表演动作,丰富童谣的表现形式,延续参与活动的积极性。

● 师幼集体表演。

● 分角色表演。

活动延伸

探索手指表演的动作,形成手指游戏。

附儿歌

唐僧骑马咚那个咚

唐僧骑马咚那个咚，
后面跟着个孙悟空。
孙悟空，跑得快，
后面跟着个猪八戒。
猪八戒，鼻子长，
后面跟着个沙和尚。
沙和尚，挑着担，
后面跟着个老妖婆。
老妖婆，真真坏，
骗了唐僧和八戒。
唐僧八戒真糊涂，
是人是妖分不清。
分不清，上了当，
多亏悟空眼睛亮。
眼睛亮，冒金光，
高高举起金箍棒。
金箍棒，有力量，
妖魔鬼怪消灭光，
消灭光！

2. 顶锅盖（听说游戏）

活动目标

1. 学习发准“盖”“怪”“菜”等容易混淆的字音。
2. 探索游戏玩法，能根据自己的生活经验，说出多种菜肴的名称。
3. 喜欢参加听说游戏，感受互动的乐趣。

活动准备

1. 知道多种家常菜的名称。

2. 锅盖一个;儿歌图谱。

活动过程

1. 出示锅盖,激发兴趣。

● 教师:这是什么？有什么用？

幼儿根据已有经验进行表达。

2. 欣赏儿歌,理解内容。

● 教师:这里有一首关于锅盖的儿歌,一起来听一听。

教师念儿歌,幼儿欣赏。

● 教师:儿歌里说了些什么？

幼儿回忆儿歌内容,教师根据回答引导幼儿做出相应动作。

3. 借助动作,学念儿歌。

幼儿用适当的音量,有节奏地念儿歌。可变换形式,让幼儿做小老师和其他孩子一起边做动作边念儿歌。

4. 了解玩法,学习游戏。

● 教师作“锅盖”,示范游戏玩法:

3～5 人参加游戏,一人用手掌作“锅盖”,其他人伸出一根手指顶着“锅盖”,大家一起念儿歌。念到“噗,一口风;噗,两口风;噗,三口风”做吹风状。念完“噗,三口风”,“锅盖”迅速抓顶着的手指,并问:烧的什么菜？被抓住的幼儿必须说出一道菜的名称,方能与“锅盖”交换角色,然后游戏继续进行。

● 教师:你吃过什么菜？它的名字叫什么？

幼儿结合自己的经验,说出各种常见菜肴的名称,如糖醋排骨、红烧鲫鱼等,并将这些菜名运用到游戏中。当幼儿说出不一样的菜名,应及时给予肯定。

5. 参与游戏,体验乐趣。

● 自问自答。每人用一只手作“锅盖”,另一只手伸出手指顶着,自问自答玩游戏。

● 小组游戏。3～5 人一组玩游戏,提醒幼儿遵守游戏规则。

活动延伸

探索不同的玩法，如多人围成圆圈，接龙顶“锅盖”。

附儿歌

顶锅盖

顶锅盖，油炒菜，
辣椒辣了不要怪。
噗，一口风；
噗，两口风；
噗，三口风。
问：炒的什么菜？
答：炒的×××。

3. 田里的番茄（手指游戏）

活动目标

1. 学念儿歌，感受儿歌押韵的特点。
2. 乐意用词语替换的方式仿编儿歌，并尝试创编手指动作。
3. 感受手指游戏的乐趣。

活动准备

番茄、西瓜、茄子等实物或图片。

活动过程

1. 出示照片，激发兴趣。

● 教师：这是什么？你们喜欢吃吗？

幼儿根据已有经验自由表达。

● 教师：田里的番茄成熟了，谁来吃番茄了？你们听……

2. 学念儿歌，理解内容。

● 教师朗诵儿歌。

提问:儿歌里说了些什么？番茄在干吗？谁咬了番茄一口？发生了什么事？

鼓励幼儿回忆儿歌内容,大胆表达。

● 幼儿学念儿歌。

3. 边念边玩,学习手指游戏。

● 示范玩法。

田里番茄圆又大,(右手握拳)

躺着睡觉不说话。(左手五指伸开,右手拳头放在左手上)

来了一只大狼狗,(左手大拇指、食指、小指伸开)

对着番茄咬一口。(左手包住右手拳头)

爸爸看见很生气,(两手叉腰,跺脚)

快把狼狗赶出去!(双手做驱赶状)

● 幼儿玩手指游戏。

4. 仿编儿歌和动作,再次游戏。

● 将“番茄”“狼狗”“爸爸”等词语进行替换。

教师:田里除了有番茄,还有什么?(西瓜、茄子等)除了爸爸看见了,还有谁也可能看见了?(妈妈、爷爷、奶奶等)试试看,把他们也编到儿歌里。

● 幼儿自主讨论,尝试独立或合作仿编儿歌。

● 为新儿歌创编动作。

教师:小朋友们仿编了这么多有趣的儿歌,谁愿意一边念一边表演?

关注并鼓励胆怯的孩子和同伴一起表演。

活动延伸

将自己仿编的手指游戏画下来。

附儿歌

田里的番茄

田里番茄圆又大,
躺着睡觉不说话。
来了一只大狼狗,
对着番茄咬一口。
爸爸看见很生气,
快把狼狗赶出去!

4. 你说我猜(猜物游戏)

活动目标

1. 尝试根据图片信息,较完整地描述物体的主要特征。
2. 丰富对常见瓜果、蔬菜、小动物的认识。
3. 遵守游戏规则,体验成功的喜悦及和同伴互动游戏的乐趣。

活动准备

1. 认识多种常见的瓜果、蔬菜与小动物。
2. 瓜果、蔬菜、小动物等图片。

活动过程

1. 猜猜谜语,激发兴趣。

● 教师:我收到一个神秘的礼物,你们想知道是什么吗?我来说,你们猜。

● 教师说谜语:身穿黄外衣,弯弯像小船,猜一种水果。

幼儿回忆已有经验进行猜谜。

2. 了解游戏,讨论规则。

● 教师:今天,我们来玩一个有趣的游戏,叫"你说我猜"。

● 讨论规则:请一名幼儿说,其他幼儿猜。说的幼儿看图片,告诉大家图上的东西是什么样的,但是千万不能说出名字。

启发幼儿从颜色、形状、味道等方面进行描述。

3. 尝试游戏,熟悉玩法。

● 个别说,集体猜。

出示图片,一名幼儿尝试描述,其他幼儿猜。如"兔子":一个小动物,它有短短的尾巴,它有红眼睛、长耳朵、三瓣嘴,走起路来蹦蹦跳跳。

● 互换角色,自主游戏。

幼儿轮流说和猜。

4. 抢答抢猜,分组游戏。

● 出示图片和记分牌,示范玩法。

教师:这里有很多图片,有花卉、动物和瓜果,还有记分牌。待会儿我们分成红队

和蓝队，每队轮流派两名小朋友，一个说一个猜，猜对了就在记分牌上贴一朵花。

● 幼儿讨论分组(按男女或座位等)。

● 幼儿游戏。

关注幼儿游戏的情况，对应答稍慢、语言表达不够流畅的幼儿给予鼓励。

● 查看记分牌。

活动延伸

1. 将图片投放至阅读区或表演区，供幼儿游戏。
2. 拓展经验，可以猜测游戏名称或人们的生产劳动等。

5. 词语接龙(接龙游戏)

活动目标

1. 掌握游戏玩法，知道用词语的最后一个字进行接龙，如：水果、果实。
2. 丰富词汇量，能根据实物卡片进行接龙。
3. 遵守游戏规则，养成良好的倾听与表达习惯。

活动准备

实物卡片和词语卡片若干。

活动过程

1. 教师游戏，引出主题。

● 教师：我和 X 老师学了个新游戏，可好玩啦！瞧我们怎么玩的。

教师和搭班教师玩词语接龙的游戏，速度放慢，咬字清晰。

● 幼儿回忆游戏内容，初步感知游戏玩法。

2. 出示词语卡片，了解词语接龙的特点。

● 教师：天气、气球、球棒……你发现了什么有趣的事？

鼓励幼儿用简短、完整的语言表达自己的发现。

● 教师：每个词的最后一个字和后面词语中的第一个字是一样的，这是一种语言游戏，叫词语接龙。

3. 根据实物卡片，进行接龙游戏。

● 出示"苹果"卡片，请五名幼儿示范玩，教师记录幼儿的词语，引导幼儿进一步了解玩法和规则。游戏时不要求同字，同音即可。

● 自由组合，进行游戏。

提醒幼儿遵守规则，认真倾听同伴的回答再进行接龙。

活动延伸

回家和爸爸妈妈一起玩"词语接龙"游戏。

（二）备选材料

马兰开花二十一（童谣）

小皮球，踢三踢，马兰开花二十一；
二五六，二五七，二八二九三十一；
三五六，三五七，三八三九四十一；
四五六，四五七，四八四九五十一；
五五六，五五七，五八五九六十一；
六五六，六五七，六八六九七十一；
七五六，七五七，七八七九八十一。

（传统民谣）

蝴蝶蝴蝶飞几下（手指游戏）

拍拍捶捶画叉叉，（在同伴肩部做拍、捶的动作，在背部画"×"）
蝴蝶蝴蝶飞几下。（轻捏同伴的双肩）
一只蜘蛛爬上来，（双手在同伴背部，由下往上做"蜘蛛爬"的动作）
咦～吓得我浑身起疙瘩。（双手握拳放在胸前，作害怕状）

炒　菜（手指游戏）

炒青菜，炒青菜，切切切；（一手拿铲子状，有节奏地做炒菜的动作，右手在左手手

掌上做切的动作）

包饺子，包饺子，捏捏捏；（左手握拳，右手有节奏地捏左手）

煎鸡蛋，煎鸡蛋，哧哧哧；（双手手掌合拢有节奏地翻转）

小嘴巴，小嘴巴，啊啊啊；（做吃东西的样子）

啊呜啊呜啊呜啊呜全吃光。（双手拍拍肚子）

主题四：夏夜里的悄悄话

（中班·下）

第一部分：主题背景及目标

（一）主题背景

宁静的乡村夏夜，星光满天，风儿清凉，远处时而传来的几声蛙鸣，在知了、蟋蟀的附和下，仿佛在说着夏夜里的悄悄话。隐约的夜幕中，房前屋后苍劲的大树、池塘里挨挨挤挤的荷叶、田地里圆滚滚的大西瓜，似乎都在静静聆听着。院子里乘凉的小娃娃，在蒲扇的凉风中听着、笑着，在奶奶的臂弯里睡着了……

中班的孩子对夏天的天气、花卉、瓜果等已经有了初步的感性认识，对夏天常见小动物的外形特征、习性和声音有着浓厚的探究欲望。所以，结合幼儿的兴趣所在，本主题主要从夏天的小昆虫着手，通过充满童趣的故事、韵味十足的儿歌，引导幼儿感受文学作品的优美，尝试想象、复述、仿编，大胆表达自己的所见、所闻和所想，从而体验结合生活经验自由表达的乐趣。

（二）主题目标

1. 引导幼儿用多种方式表达对夏天的理解，了解夏天对人们生活的影响。

2. 与幼儿一起听夏天的故事，说夏天的儿歌，并调动已有的知识与经验，仿编诗歌、散文，续编故事。

3. 师幼共同梳理夏天季节特征，萌发对夏季小动物，特别是昆虫的探究欲望。

4. 鼓励幼儿积极参加夏日里的各项活动，乐意聆听乡村夏夜里来自自然界的各种声音，学会一些防暑降温的方法。

（三）关键经验

1. 能用恰当的语言表达自己对夏天的认识和感受，基本完整地讲述自己在夏天的所见所闻。

2. 尝试复述故事中的简单情节，并大胆想象和表达。

（四）核心词汇

夏夜、昆虫、声音、完整表达、连贯讲述。

第二部分：资源准备

（一）经验准备

丰富幼儿夏夜户外活动体验，请家人引导幼儿发现夏天夜晚的不同之处，引发幼儿对乡村夏夜里各种声音的兴趣。

（二）材料准备

昆虫观察瓶（将捕捉的小昆虫放在透气的小瓶子里）；有关昆虫的图书、视频、故事等资料。

（三）社区与家长资源

1. 请家长在夜晚来临时带幼儿到附近的小树林、池塘边散步，一起找找小青蛙，捉捉萤火虫。如果有机会，可以体验广场电影的热闹氛围。

2. 请家长和幼儿一起收集有关夏天的图片、故事、图书等资料。

3. 请家长协助幼儿完成调查表《夏夜里的声音》。

第三部分：领域渗透

（一）户外实践活动

1. 找蛐蛐：幼儿到园所附近的草丛找蛐蛐，观察、了解蛐蛐的基本外形特征。

2. 捉知了:幼儿到小树林寻找并尝试捕捉知了,学会描述知了的外形特征,尝试使用简单的捕捉工具。

3. 下雨了:幼儿穿上雨衣、雨靴一起去户外踩水,照照水洼做的大镜子,感受夏天雨水的清凉,寻找雨后的彩虹。

(二) 健康领域

1. 体育游戏:别踩湿鞋。幼儿手持两块地垫(或纸板),先放一块在地上,两脚站到上面,接着再把第二块地垫放在第一块的前面,双脚踏上第二块地垫,然后转身把后面的地垫放前面,连续换地垫前进。

2. 体育游戏:捉知了。挑选 2～3 名小朋友做"知了",其他小朋友拉手围成一个圈,大家一起念儿歌《捉知了》:"夏天到,知了叫。大树下,宝宝笑。知了宝宝,捉到了。""知了"在圈内圈外飞来飞去,当念到"捉到了",圈上小朋友一起蹲下,在圈里的"知了"就被捉住了。

(三) 社会领域

1. 故事《小鸟和牵牛花》:理解故事内容,知道生病的人需要关心和帮助,了解给病人送温暖的方式。

2. 故事《鱼宝宝笑了》:帮助"鱼宝宝"清理被污染的生活环境,激发幼儿讲究卫生、保护环境的意识。

(四) 科学领域

1. 捉虫虫:寻找、发现田野里的小虫子,了解它们的名称,观察、比较它们的外形特征。

2. 蜻蜓飞舞:感知 10 以内的数量,尝试用简短的语言讲述自己的操作过程。

3. 气象记录:准备"气象记录本",根据每天的天气情况进行观察记录,总结夏天的特征。

(五) 艺术领域

1. 蝈蝈和蛐蛐(歌曲欣赏):欣赏并了解歌曲内容,感受京歌的独特韵味。

2. 我们的田野(歌曲欣赏):理解歌曲内容,能用身体动作加以表现。

3. 夏天的雷雨(歌唱活动):理解歌曲内容,学会演唱歌曲,能用一问一答的形式两两结伴演唱。

4. 可爱的青蛙(创意制作):利用纸杯、蛋糕盘、彩纸、纽扣等制作青蛙。

第四部分:一日生活拓展

(一) 学习环境

墙面日记。

创设"夏天的昆虫"主题墙:① "我找到的昆虫",用照片或者图片展示自己找到的知了、蛐蛐等昆虫。② "我制作的昆虫",展示幼儿的艺术作品,呈现活动轨迹。③ "我的调查表",展示幼儿和家长一起完成的《气象日记本》及调查表《夏夜里的声音》。

(二) 区域活动

1. 生活区。

(1) 水果拼盘:用塑料小刀或木质小刀,将洗净的西瓜、桃子等水果切片或切丁,自主设计、装盘,品尝自己做的水果拼盘。

(2) 剥莲子:投放洗净的莲蓬,幼儿学习剥开莲蓬、取出莲子,并将莲子上的外皮剥掉,发展手指精细动作。

2. 语言区。

(1) 手偶表演:投放手偶,表演故事《夏夜音乐会》《昆虫大聚会》,简单复述故事内容,创编昆虫间的对话。

(2) 夏天的故事:提供有关夏天小动物的绘本,如《蝈蝈和蛐蛐》《大嘴巴青蛙》等,幼儿自由翻阅、交流,结合绘本内容了解夏天动物的名称、趣事。

3. 科学区。

(1) 夏天的虫子:提供放大镜、记录表,观察自然角中饲养的昆虫(知了、蟋蟀等),了解其外形特征,并进行简单记录。

(2) 趣味运水:提供荷叶、竹筒、水瓢、瓦片、毛巾等,探索运水的多种方法,并以简笔画的形式记录自己的发现。

4. 美工区。

(1) 编花环:投放幼儿收集的各种各样的小野花,引导幼儿用缠绕连接的方法编织出美丽的花环。

(2) 制作小动物:利用纸杯、蛋糕盘、彩纸、纽扣等制作青蛙、知了。

(3) 瓜皮创意画:投放刮画笔和洗净的瓜皮,供幼儿创意绘画。

5. 建构区。

搭建“悄悄话”小屋。

(三) 生活环节

1. 利用散步或户外活动时间,组织幼儿到草丛间捉蛐蛐、找小虫。

2. 利用午睡前的时间听故事《夏夜音乐会》;餐后散步时朗诵诗歌《夏天的歌》,猜猜有关夏天动植物的谜语。

(四) 家园共育

1. 在夏天的夜晚,带着孩子到田间地头,看看夏夜的样子,听听夏夜的声音,打着电筒找找青蛙、知了,还可以追萤火虫、捉小虫子,并鼓励幼儿发挥想象,用语言进行表达。

2. 亲子活动——夏天的田野:家长和小朋友们一起去田野里观察长势茂盛的水稻,看一看那些不知名的小花小草,感受夏天田野热闹、有趣的景象。

3. 在日常生活中配合做好孩子的夏季安全卫生工作,特别是要教育孩子不去水塘边玩。

第五部分:资源菜单

(一) 经典案例

1. 夏夜音乐会(故事)

活动目标

1. 理解故事内容,感知作品所表现的温馨美好的夏夜意境。

2. 能仔细观察画面,发挥想象,并用较完整的语言进行讲述。

3. 乐意与同伴合作表演，感受角色扮演带来的愉悦情绪。

活动准备

1. 一段优美的小提琴乐曲、与故事内容相关的图片。
2. 蟋蟀、青蛙、萤火虫等小动物头饰。

活动过程

1. 播放音乐，激发兴趣。

● 教师：听，这是什么声音？这么好听的音乐是谁演奏的呢？我们一起来看看吧！

2. 欣赏故事，理解内容。

● 教师：谁在演奏？蟋蟀在哪里拉琴？这里有个好听的故事呢！
● 教师讲述故事。
● 提问：故事里除了蟋蟀，还有谁？青蛙在干什么？谁会用故事里的话说一说？
谁为大家伴舞的？萤火虫是怎么伴舞的？
大家喜欢这样的音乐会吗？为什么？
它们给音乐会取了个好听的名字，叫什么？
引导幼儿逐一观察画面，回忆故事内容，启发幼儿注意图中细节。
● 教师：蟋蟀拉琴、青蛙伴唱、萤火虫伴舞，它们用自己的本领让夏夜音乐会变得更热闹！

3. 分组表演，感受快乐。

● 出示小动物头饰，讨论表演规则。
● 幼儿戴上头饰，分组表演。
幼儿用动作、语言表达自己所扮演的角色，如：萤火虫的轻盈、青蛙嗓音的宽厚等。

4. 仿编故事，拓展经验。

● 教师：怎样让夏夜音乐会更好听、更热闹呢？还会有谁来参加？它们会怎么做呢？
幼儿讨论、想象其他小动物参加音乐会的方式。
● 集体仿编故事。

活动延伸

幼儿在美工区画出自己仿编的动物或植物，做成头饰，在表演区表演。

附故事

夏夜音乐会

夏天的夜晚，天上的星星眨着明亮的眼睛。

蟋蟀在荷塘边的一块石头上拉着小提琴，琴声悠扬动听。

小昆虫们都飞过来，它们围着蟋蟀，静静地听。

“有人唱歌就好了！”一只小昆虫说。

“呱呱呱！呱呱呱！”青蛙们听了，围成一个圈，唱起歌来。

“有人伴舞就好了！”一只小昆虫说。

萤火虫围成一个圈，飞舞起来，天空中出现了一个闪闪发光的光圈。

蟋蟀拉了一首曲子又一首曲子，来听的昆虫越来越多。

“蟋蟀真是个音乐家！”一个小男孩也坐在池塘边，他双手托着下巴，认真地听着美妙的夏夜音乐会，露出了开心的笑容。

2. 萤火虫找朋友（故事）

活动目标

1. 学习故事中小动物的语言，尝试有感情地进行对话。
2. 理解故事内容，乐意表达自己的见解。
3. 知道只有真心帮助别人，才能交到好朋友，感受与朋友交往的快乐。

活动准备

故事录音；配套挂图，小蚂蚱、小蜗牛等小动物图片；萤火虫的头饰。

活动过程

1. 谈话导入，激发兴趣。

● 教师：小朋友们，你们见过会发光的昆虫吗？它是谁？

鼓励幼儿回忆关于夜晚出游的经验。

● 教师：在一个夏天的晚上，一只萤火虫提着小灯笼，在花丛里飞来飞去找朋友，它会找谁做朋友呢？

支持幼儿大胆猜想，激发倾听故事的兴趣。

2. 倾听故事，理解内容。

● 教师讲述故事至“小青蛙”部分。

提问：萤火虫都找了谁做朋友？它们愿意和萤火虫做朋友吗？为什么？

● 鼓励幼儿大胆表达，说说自己的理由。

3. 分段讲述，学说对话。

(1) 讲述第一段：

● 萤火虫找到小飞蛾。

教师：萤火虫找到小飞蛾后怎么说的？

小飞蛾是怎么回答的？它请萤火虫帮什么忙？

听了萤火虫的话，小飞蛾会怎么想呢？

你觉得它们会成为朋友吗？

● 启发幼儿在回忆故事的过程中，感受小飞蛾的心情。

(2) 讲述第二段：

● 萤火虫找到小青蛙。

教师：萤火虫提着小灯笼飞走了，这次它又找到了谁？

小青蛙说了些什么？萤火虫是怎么说的？

听了萤火虫的话小青蛙又会怎么想？

它会和萤火虫做好朋友吗？

● 讨论：小飞蛾和小青蛙都不愿意和萤火虫做朋友，为什么呢？如果你是萤火虫，你会怎么做呢？

● 鼓励幼儿和同伴交流分享自己的想法，说说萤火虫交不到朋友的原因；在“如果我是萤火虫”的情景中，分享自己的交往经验。

4. 观察图片，续编故事。

● (出示小蚂蚁图片)教师：这次又找到谁了？萤火虫会怎么说？

小蚂蚁在干什么？它需要萤火虫的帮助吗？猜一猜它会怎么说？

如果你是萤火虫，你会怎么说，怎么做呢？

小朋友都认为萤火虫会帮助小蚂蚁。那小蚂蚁会和萤火虫做朋友吗？

● 幼儿发挥想象，续编故事，自由表达，并产生“乐于助人的人才能交到朋友”的情感共鸣。

● 教师：不肯帮助别人的人，不会有朋友。乐意帮助别人的人，大家都愿意和他做朋友。

5. 情境表演，体验情感。

● 出示“萤火虫”头饰，幼儿自主选择角色表演故事。

● 大胆创编，满足幼儿表演的欲望。

教师：萤火虫还可能遇到谁？它们会让萤火虫帮什么忙呢？萤火虫会怎么说，怎么做呢？

活动延伸

将动物图片投放到语言区，供幼儿自由创编。

附故事

萤火虫找朋友

在一个夏天的夜晚，萤火虫提着绿色的小灯笼，飞来飞去找朋友。

萤火虫飞呀飞，飞到灯光下，看见几只小飞蛾，就说：“小飞蛾，你愿意做我的好朋友吗？”小飞蛾说：“好吧！待会儿再跟你玩儿，我们要找小妹妹，你帮我们找找，好吗？”萤火虫说：“不，不，我要找朋友。”说完便飞走了。

萤火虫飞呀飞，飞到池塘边，看见了小青蛙，就说：“小青蛙，你愿意做我的好朋友吗？”小青蛙说：“好吧！待会儿再跟你玩儿，我要找我的小弟弟，你帮我找找，好吗？”萤火虫说：“不，不，我要找朋友。”说完便飞走了。

萤火虫飞呀飞，飞到大树下，看见了一只小蚂蚁，就对小蚂蚁说：“小蚂蚁你愿意做我的好朋友吗？”小蚂蚁说：“好吧！待会儿再跟你玩儿，我迷路了，帮我照亮回家的路，好吗？”萤火虫说：“不，不，我要找朋友。”说完便飞走了。

萤火虫到处找朋友，可是，它一个朋友也找不到。于是，他停在树枝上，伤心地哭了。

大树公公听见了，问："萤火虫，你为什么哭得这么伤心呀？"萤火虫一边哭一边说："我要找朋友，可是，一个朋友也没找着。"说完，它便对大树公公讲起了事情的前前后后……

大树公公听后，呵呵笑着说："萤火虫，别人需要帮助的时候，你只顾着自己，人家当然不会做你的朋友了。"萤火虫听后，脸红了。

（孙幼军）

3. 小蚊子（儿歌）

活动目标

1. 学念儿歌，感受儿歌的韵律和趣味。
2. 乐意表演儿歌，感受表演带来的愉悦情绪。
3. 初步了解预防蚊虫的方法。

活动准备

儿歌《小蚊子》图谱，录音"蚊子的声音"。

活动过程

1. 播放录音，引出主题。

● 教师：你们听，是什么声音？
引起幼儿的好奇和猜想。

● 出示蚊子图片，提问：蚊子是什么样子的呢？你喜欢蚊子吗？为什么？
幼儿观察蚊子的外形特征，大胆表达自己对蚊子的感觉。

● 教师：蚊子嘴上有尖尖的刺，喜欢飞来飞去，叮在人和动物的身上吸血。被蚊子叮个包可痒啦，我们不喜欢它。

2. 初步欣赏，理解儿歌。

● 教师：听了这首儿歌，你知道蚊子喜欢停在哪儿？谁会用儿歌里的话说一说？
幼儿回忆儿歌内容，尝试用儿歌里的句式进行表达。

● 感知儿歌的特点。
教师：你们发现儿歌的最后一个字都是什么？这样念起来感觉怎么样？

在学念儿歌的过程中,引导幼儿发现押韵的特点,感受儿歌的韵律感。

● 教师:儿歌的最后一个字都是“子”,这样念起来很好听、很有趣。

3. 出示图谱,学念儿歌。

● 整体学念儿歌。

● 分组学念儿歌。

● 遮盖图谱巩固儿歌。

● 边做动作边念儿歌。

4. 结合经验,仿编儿歌。

● 教师:小蚊子还会飞到哪里去呢? 请你们用儿歌里的话来编一编。

幼儿将自己仿编的儿歌与同伴分享,一起感受换词仿编的乐趣。

5. 联系生活,拓展经验。

● 教师:我们为什么要拍蚊子? 被蚊子咬了是什么感觉? 怎样才能避免被蚊子咬呢?

幼儿结合自身经验,大胆表达自己的经历和想法。

● 教师:夏天小朋友要注意保持卫生,勤洗头洗澡,注意关好纱门纱窗,避免蚊子叮咬。

活动延伸

讨论:除了蚊子,夏天还有哪些昆虫对人类是有害的? 我们平时应该注意些什么呢?

附儿歌

小蚊子

小蚊子,小蚊子,
飞一会儿停鼻子,
飞一会儿停肚子。
拍蚊子,拍蚊子,
拍到鼻子和肚子,
蚊子叮了脚丫子。

4. 夏夜里的悄悄话(谈话活动)

活动目标

1. 知道悄悄话的含义,懂得悄悄话要轻声说。
2. 乐意寻找夏夜里的悄悄话,并根据自己的理解和想象大胆表达。
3. 喜欢玩“悄悄话”的游戏,体验和朋友说悄悄话的乐趣。

活动准备

1. 与幼儿谈论过夏天常见的小动物话题,初步了解夏天常见的小动物。
2. “悄悄话”图片,“夏夜”挂图。

活动过程

1. 出示图片,引出主题。

● 教师:这两个小朋友在干什么?

你怎么看出他们在说悄悄话的?什么是悄悄话?你们说过悄悄话吗?对谁说的?

幼儿根据已有经验,自主表达、交流讨论。

● 教师:悄悄话要轻声说;悄悄话是对自己的好朋友、爸爸妈妈,以及自己亲近的人说的。

2. 观察挂图,寻找“悄悄话”。

● 教师:宁静的夏夜,花儿睡了,草儿睡了,还有谁没有睡呢?

● 知了的“悄悄话”。

教师:这是谁?知了会说悄悄话吗?它会发出怎样的声音?好像对谁说悄悄话?说什么?

● 青蛙的“悄悄话”。

讨论:青蛙的悄悄话会对谁说呢?它会说些什么?

● 蛐蛐儿的“悄悄话”。

教师:这是谁?你们认识吗?蛐蛐儿会说悄悄话吗?它可能在对谁说?说些什么?

● 通过谈话、讨论、观察画面等方式，鼓励幼儿回忆已有经验，模仿小动物的声音，并大胆想象：对谁说悄悄话？说了些什么？

● 教师对幼儿讨论的内容进行整理，并引导幼儿一同回顾。如：知了“知了、知了”地叫，好像对小朋友说着悄悄话：夏天来啦！夏天来啦！青蛙在池塘里“呱呱”地叫，好像对荷叶说着悄悄话：请做我的小床，好吗？夏夜里的悄悄话真有趣啊！

3. 拓展经验，想象“悄悄话”。

● 教师：夏天的夜晚，还有谁也在说悄悄话呢？它会说什么呢？

● 幼儿自由讨论、交流。

4. 参与游戏，体验乐趣。

● 教师：你们想说悄悄话吗？对谁说？

● 幼儿和好朋友一起说悄悄话。

活动延伸

搭建“悄悄话”小屋，和朋友一起说说悄悄话。

5. 夏天的歌（散文诗）

活动目标

1. 理解诗歌内容，感受诗歌的韵律美及意境美。
2. 有感情地朗诵诗歌，能结合生活经验仿编诗歌。
3. 与同伴合作表演诗歌，体验一问一答的表演乐趣。

活动准备

1. 诗歌相关图片：乘凉、草丛、树林、池塘。
2. 知了、青蛙、蝈蝈儿等夏季动物的叫声。

活动过程

1. 声音导入，激发兴趣。

● 教师：在夏天里，你听到过什么美妙的声音？

分别播放知了、青蛙、蝈蝈儿的声音，鼓励幼儿模仿并说说它们生活在哪里。

2. 欣赏诗歌，了解内容。

● 教师：这些美妙的声音变成了一首首夏天的歌，让我们一起来听一听。

教师富有节奏感地朗诵诗歌。

● 教师：为什么叫夏天的歌呢？诗歌里说了些什么？夏天的歌在哪里？

幼儿根据自己的理解大胆表达，鼓励幼儿对“夏天的歌”的不同解释。

3. 出示图片，理解诗歌。

● 出示“草丛”，提问：夏天的歌在哪里？谁在草丛里？它是怎么叫的呢？

幼儿学说：蝈蝈蝈，在绿色的草丛里。

● 出示“树林”，提问：谁在大树上？它又是怎么叫的呢？

幼儿学说：知了知了，在密密的树林里。

● 出示“池塘”，提问：谁在池塘里？怎样叫的呢？

幼儿学说：咕呱咕呱，在清清的池塘里。

4. 多种形式，巩固学习。

● 教师：这首儿歌跟我们平时念的儿歌不一样？你们发现了吗？

了解问答歌一问一答的形式，幼儿自主选择角色巩固儿歌。

5. 拓展经验，仿编诗歌。

● 教师：夏天的歌还藏在哪里？是怎样唱的呢？

激发幼儿的仿编兴趣，关注个别仿编有困难的幼儿，通过具体交流，引发思考，提供支持。

附散文诗

夏天的歌

夏天的歌在哪里？蝈蝈蝈，在绿色的草丛里。

夏天的歌在哪里？知了知了，在密密的树林里。

夏天的歌在哪里？咕呱咕呱，在清清的池塘里。

夏天的歌，在太阳帽里，在小花伞里，在甜甜的冰淇淋里，在小娃娃乐呵呵的笑声里。

（陈菲菲）

（二）备选材料

谜 语

小飞艇，大眼睛，两对翅膀大又明。
飞东飞西忙不停，消灭害虫有本领。（谜底 蜻蜓）

（王德海）

白天草丛待，夜晚空中游。
一盏小灯笼，挂在身后头。（谜底 萤火虫）

（王海燕，有改动）

身穿绿衣裳，肚里生红瓤，
结的是黑子，消暑甜又凉。（谜底 西瓜）

青蛙和小鱼儿（故事）

小鱼儿欢快地在水里游着，时不时地衔着芦苇秆儿吹泡泡玩儿。咕噜咕噜，一串泡泡飘起来。咕噜咕噜，又一串泡泡飘起来。小鱼儿很快乐。

这时，路过的青蛙看见了，对小鱼儿说："吹泡泡好玩吗？"

"嗯，好玩，我就很开心啊！要不你也来试试吧！"小鱼儿邀请青蛙一起吹泡泡。

"可是我不会吹泡泡。但是我会别的，我做给你看啊！"

说完青蛙用腮帮子鼓起两个大包来。咕儿呱，咕儿呱，青蛙一边鼓包儿，一边唱歌儿，青蛙很快乐。小鱼儿看了之后也拍手叫好。

从此小鱼儿和青蛙便成了好朋友。

但是，青蛙唱的歌儿太单调，大伙儿都不喜欢听。偏偏青蛙是个唱歌迷，老是追着别人唱歌儿。唱完了一首歌儿，还老是追着别人问："我唱的歌儿好不好听？你愿不愿意当我的追星族？"

大家都躲着青蛙大歌星，只有小鱼儿愿意当青蛙的听众。

小鱼儿听得好入迷哦！你看，她都忘记吹泡泡了。

青蛙唱完了一首歌，小鱼儿赶紧鼓掌。在水下鼓掌，青蛙根本听不见，小鱼儿就跳舞给青蛙看，她扭着身子，摇着尾巴，表达自己的快乐。

有这么忠实的歌迷，青蛙好感动。

当小鱼儿重新吹起泡泡时，青蛙从荷叶上一跃而下，他要拥抱亲爱的小鱼儿。没想到，青蛙把小鱼儿吹的泡泡全打破了，小鱼儿的芦苇秆儿，也不知甩到哪里去了。

小鱼儿哭起来。小鱼儿一哭，青蛙就有点手忙脚乱了，因为他不知道该怎么安慰小鱼儿。“我鼓包儿给你看好不好?”青蛙的脸上，立即鼓起了两个大包。

好大好大的包噢！青蛙看起来都不像青蛙了。

看到青蛙变出“超级大鬼脸”，小鱼儿笑了。小鱼儿一笑，青蛙好开心，他知道该怎么做了，只见青蛙两腿一蹬，向岸上跳去。

“青蛙，你别走，我已经原谅你了。”小鱼儿大声喊。

青蛙像跳水运动员似的，以优美的曲线，再次跃入水中，小鱼儿真想吹出一长串泡泡，像燃放礼花一样，迎接青蛙的到来。可惜，芦苇秆儿不见了，小鱼儿用嘴巴吹出的泡泡太小了，一点儿也不好看。

青蛙带来了最好的礼物，那是一只泡泡瓶，瓶上还有一支吹管。青蛙说：“送给你，小鱼儿。”小鱼儿太高兴了，她用泡泡瓶吹出了五颜六色的泡泡。

多么漂亮的彩泡泡呀！

最神奇的是，小鱼儿吹出一个大泡泡，青蛙一闪身，竟然钻进了泡泡里，泡泡儿带着青蛙在水里飞。

更多的小鱼儿、小虾儿、小螃蟹游过来，纷纷钻进小鱼儿吹出来的彩色泡泡里，在美丽的池塘里飘过来，飘过去。

不知什么时候，青蛙跳回绿色的荷叶上，唱起了嘹亮的歌。

大伙儿惊讶地发现，青蛙唱的歌，原来这么好听！

（萧　袤）

大 班

主题一：听爷爷奶奶讲那过去的事情

（大班·上）

第一部分：主题背景及目标

（一）主题背景

调查发现，目前农村儿童的祖辈在孩子的教养过程中普遍处于比较尴尬的状态。一方面，大部分爷爷奶奶承担着接送任务，却对幼儿园课程“不熟悉、不了解”；另一方面，农村儿童崇拜奥特曼、解放军，但对自己身边的爷爷奶奶却“不了解、不尊敬”。为了增进农村儿童，特别是农村留守儿童对祖辈的亲情，我们有意识地引导幼儿观察并参与到祖辈的劳动生活中，调查“爷爷奶奶的本领”。一段时间后，一些孩子兴奋地告诉教师：“我爷爷会讲好多故事呢！他知道好多事情。”“老师，虽然我爷爷年纪大了，但他还会编竹篮呢！”“老师，你知道清明不明，谷雨不雨是什么意思吗？”……来自亲人的真切体验与经验传授，成了幼儿最丰富的语言资源。

于是，我们充分挖掘身边的教育资源，将这些具有浓郁乡土气息的事物、人物融入主题活动。看，孩子们围坐在一起认真地听老人们介绍有趣的农谚、讲述神话故事和英雄故事，勇敢地采访编箩筐和捏泥人的民间艺人，饶有兴致地猜说方言俗语……他们通过自己的感官去体验、表达、交流，在真实参与的乡村活动与劳动中陶冶情操、发展认知，丰富着语言表达的词汇与方式，同时也进一步激发了对祖辈的理解和尊敬。

（二）主题目标

1. 邀请爷爷奶奶“讲一讲神话故事”，和爷爷奶奶一起“念一念有趣的农谚”，组织“民间艺人唠一唠”“方言俗语乐一乐”等活动，感受传统文化的魅力，增进幼儿与祖辈之间的亲情联系。

2. 提供真实的农具，引导幼儿参与劳动，在做做、说说中感受农具的巧妙和祖辈的辛劳。

3. 支持幼儿对神话故事、农谚俗语等传统文化的搜集、欣赏、讨论，体验方言交流的乐趣。

（三）关键经验

1. 能与爷爷奶奶进行互动，一起连贯、清楚地讲故事、说方言、念农谚等等。
2. 会说本地区的语言和普通话，发音正确清晰。

（四）核心词汇

民间故事、方言俗语、农谚、农具、表达、讲述。

第二部分：资源准备

（一）经验准备

能听懂简单的方言。

（二）材料准备

收集斗笠、小石磨、筛子、簸箕等农家用具，进行环境布置和亲身体验。

（三）社区与家长资源

请家长协助孩子完成调查表《爷爷奶奶的本领》；事先与爷爷奶奶联系，做好讲故事、说方言和农谚的准备；开展“爷爷奶奶故事会”活动，邀请爷爷奶奶轮流为孩子们讲故事；寻访民间艺人，确定访问方案，带领幼儿上门采访。

第三部分：领域渗透

（一）健康领域

学学爷爷奶奶小时候玩的游戏。

1. 民间游戏：炒黄豆。

儿歌《炒黄豆》：炒，炒，炒黄豆，炒好黄豆翻跟头。

玩法：两名幼儿面对面手拉手站好，一边说儿歌一边向左右摇晃手臂表示“炒黄豆”。儿歌结束，两人抬起一侧手臂，一齐翻转身体成背对背，然后再翻转成面对面。

2. 学习挑竹棒、斗鸡、挤油渣等游戏。

（二）社会领域

说说爷爷奶奶的本领：了解木工、瓦工、裁缝等工作，展示他们的作品，幼儿体会爷爷奶奶的能干和辛劳，培养对老人的尊敬和喜爱之情。

（三）科学领域

1. 试试爷爷奶奶的农具：尝试用不同的筛子区分农作物，如大米、豆类和花生等；提供铁锹、小锄头，幼儿到种植园地参与锄草等劳动。

2. 请爷爷奶奶来帮忙：带爷爷奶奶到种植园地，检查本班所种植物的生长情况，请爷爷奶奶说说种植的注意事项。

（四）艺术领域

欣赏歌曲《爷爷为我打月饼》《我爱爷爷奶奶》《买菜》等歌曲，感受歌曲中祖辈与孩子的天伦之乐。

第四部分：一日活动拓展

（一）学习环境

1. 墙面日志。

创设主题墙“爷爷奶奶忆童年”和“我的童年”。发放调查表，幼儿在问问记记、看看说说中感受两代人不一样的童年生活。

2. 室内吊饰。

用筛子、小匾子等材料进行装饰，将幼儿作品或民间艺术作品放置其中，进行楼梯、走廊等墙面装饰。

3. 调查表。

《爷爷奶奶的本领》：从爷爷奶奶会讲的故事、年轻时的工作、拿手的本领等方面进行调查，为爷爷奶奶来园参加活动做准备。

（二）区域活动

1. 美工区。

(1) 画画爷爷奶奶的故事：对爷爷奶奶讲的神话故事进行想象，通过绘画、撕贴等多种方式创作连环画。

(2) 学学爷爷奶奶的本领:学习爷爷奶奶捏泥狗、搓草绳等本领。

2. 科学区。

筛豆豆:提供各种型号的筛子,幼儿自主探索分离大米、豆类和花生的方法。

3. 语言区。

古老的传说:投放有关民间故事的书籍,引发幼儿对传统文化的兴趣。

4. 建构区。

小木工、小瓦工:利用砖块、木桩、木板、竹筒等生态材料进行自主建构,模仿木工、瓦工爷爷建房子。

(三) 生活环节

1. 在户外活动时玩一玩爷爷奶奶小时候玩的游戏:斗鸡、打水漂、挤油渣等。

2. 在餐点前后或休闲时间,念一念农谚,猜一猜方言,讲一讲民间故事。

(四) 家园共育

1. 结合重阳节或其他节日,请爷爷奶奶来园参与活动,为幼儿表演讲故事、说谚语等等。

2. 提醒爷爷奶奶平时多跟孩子聊天、讲故事,增进祖孙间的沟通和交流,感受亲情,享受快乐。

第五部分:资源菜单

(一) 经典案例

1. 听爷爷奶奶讲故事(亲子活动)

活动目标

1. 通过听爷爷奶奶讲故事,感受传统故事的魅力。

2. 对神话产生好奇,并能大胆想象和表述故事之外的情节。

3. 通过抗日故事,初步体会民族情感,感受解放军战士和农民伯伯勇敢无畏的精神。

活动准备

1. 邀请爷爷奶奶现场讲故事，如有困难，可请爷爷奶奶录音。

2. 月饼若干。

3. 预先准备礼物送给讲故事的爷爷奶奶。

活动过程

1. 听奶奶讲《嫦娥奔月》的故事。

● 出示月饼，导入活动。

教师：这是什么？在什么节日要吃月饼？中秋节为什么要吃月饼呢？我们请××小朋友的奶奶（爷爷）来给我们讲一讲关于中秋节吃月饼的传说。

● 奶奶（爷爷）讲故事，了解中秋吃月饼的由来。

师幼一起认真听奶奶（爷爷）讲故事，听完后提醒幼儿用掌声表示感谢。

● 故事互动，丰富认知。

教师：今天××奶奶给我们带来了三个月饼，答对问题的小朋友都能品尝到哦！

问题一：奶奶故事里讲了哪些人？

问题二：嫦娥为什么要飞到月亮上去呢？她心里是怎么想的？

问题三：我们为什么要吃月饼？

答对的小朋友奖励一小块月饼。

● 月饼游戏"词语接龙"。

教师：今天我们和××奶奶一起玩个游戏，叫词语接龙，我们就用月饼作为开始，月饼—饼干—干果—果皮。

● 诗歌朗诵。

请幼儿们（为奶奶爷爷）念一念关于月亮的儿歌或诗歌，如《静夜思》等。

2. 听爷爷讲"英雄的故事"。

● 教师：小朋友喜欢超人、喜欢奥特曼吗？他们都是厉害的英雄，其实我们××（地方）也有英雄，××小朋友的爷爷就会讲关于××（地方）战斗英雄的故事，让我们一起来听一听吧！

● 听爷爷讲故事。

师幼一起认真听爷爷讲故事，听完后用掌声表示感谢。

● 提问。

问题一:解放军叔叔勇敢吗?为什么?

问题二:××(地方)人能干吗?说说你听到的。

问题三:我们小朋友想做英雄吗?怎样才能变得勇敢又能干呢?

3. 交流分享,拓展经验。

- 爷爷奶奶讲故事好听吗?
- 你喜欢听哪一个故事?为什么?
- 幼儿学爷爷奶奶讲故事。
- 讨论:用什么方式感谢爷爷奶奶?

(1) 幼儿为爷爷奶奶表演武术操或唱歌。

(2) 给爷爷奶奶送上精心准备的礼物。

活动延伸

1. 继续寻找会讲故事的爷爷奶奶,让他们经常为孩子讲故事。

2. 鼓励孩子参与“我为爷爷奶奶讲故事”的活动,将自己学过的故事或儿歌表演给爷爷奶奶看。

2. 童年大比拼(谈话活动)

活动目标

1. 与爷爷奶奶对话,了解爷爷奶奶的童年生活,通过对比感受自己生活的幸福。

2. 用完整的语句向爷爷奶奶提问,初步理解“缺衣少食”“贫穷”等词语的意思。

3. 喜欢与爷爷奶奶交谈,对自己的生活感恩。

活动准备

1. 本次活动可以邀请一名幼儿的爷爷奶奶现场与大家对话,也可以发放调查表让幼儿事先对爷爷奶奶的童年进行调查和记录。教师要对谈话内容进行预设,与爷爷奶奶事先沟通。

2. 收集爷爷奶奶的童年照片以及一些老物件的照片或实物,如煤油灯、老式自行车、木头马桶等。制作“幸福指数表”或者笑脸。

活动过程

1. 出示照片,引发好奇。

● 教师出示老物件照片:这些是什么?谁认识这些东西呢?

幼儿先自由猜想,再请出爷爷奶奶公布答案。

● 教师:爷爷奶奶为什么知道这些呢,因为这些都是他们小时候用过的东西。爷爷奶奶小时候的生活可跟我们不一样,你们有什么想知道的吗?可以直接提问。

● 幼儿就自己感兴趣的问题大胆提问,爷爷奶奶现场问答。

2. 引导对比,感受幸福。

● 出示《童年大比拼》记录表,教师担任主持人,分别从衣食住行等方面向爷爷奶奶和幼儿提问:① 你每天吃些什么饭菜?最喜欢吃什么?② 你家里有玩具吗?最喜欢玩什么?③ 如果要去一个较远的地方,你可以怎么去?④ 你有几件衣服?谁买的?

教师根据爷爷奶奶和幼儿的回答,用简笔画或者数字的方式进行快速记录。

● 爷爷奶奶介绍其他情况,如没有任何电子产品、家里兄弟姐妹多等等。引导幼儿理解"贫穷""缺衣少食"等词语的意思。

● 教师:对比一下爷爷奶奶的童年和我们现在的童年生活,小朋友有什么发现?

引导幼儿观察记录表,讨论过去和现在生活的不同。

3. 互动游戏,体验快乐。

● 教师:当然,爷爷奶奶小时候也有幸福的时候呢,他们小伙伴多,玩游戏的花样也多,我们听爷爷奶奶来介绍他们小时候玩的游戏。

● 爷爷奶奶介绍游戏,幼儿学玩一些简单的游戏,如接子、挑棒、穿线绷等。

● 幼儿介绍自己喜欢玩的游戏,教爷爷奶奶玩一玩。

4. 感受幸福,懂得感恩。

● 教师:你们觉得谁的童年生活更幸福呢?为什么?

幼儿自由讨论,鼓励幼儿就不同的观点开展辩论。

● 教师:我们如今这么幸福的生活都是爷爷奶奶和爸爸妈妈经过努力工作得来的,我们应该对爷爷奶奶说些什么呢?

幼儿对爷爷奶奶说一句感恩的话。

● 教师:将来,我们也好好学习,努力工作,让爷爷奶奶和爸爸妈妈过得更加幸福。

活动延伸

经常组织幼儿和爷爷奶奶一起玩游戏，感受民间游戏的魅力，增进祖孙之间的情感。

童年大比拼

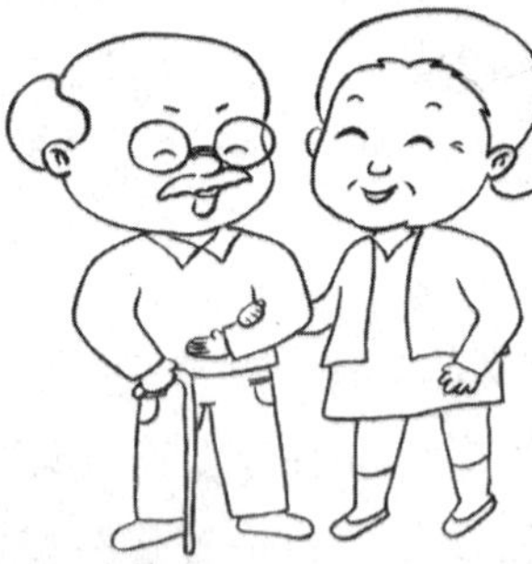	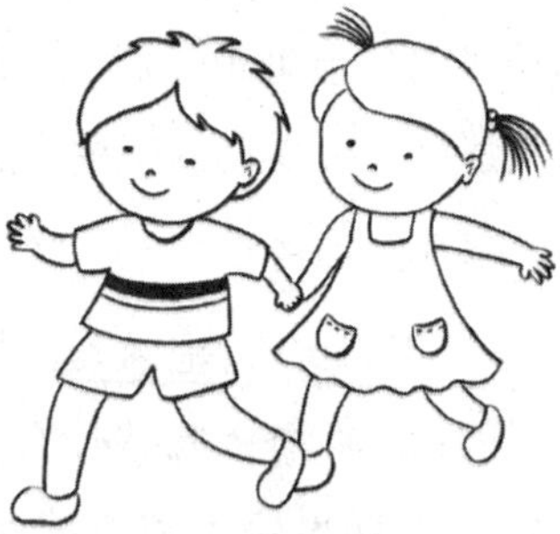
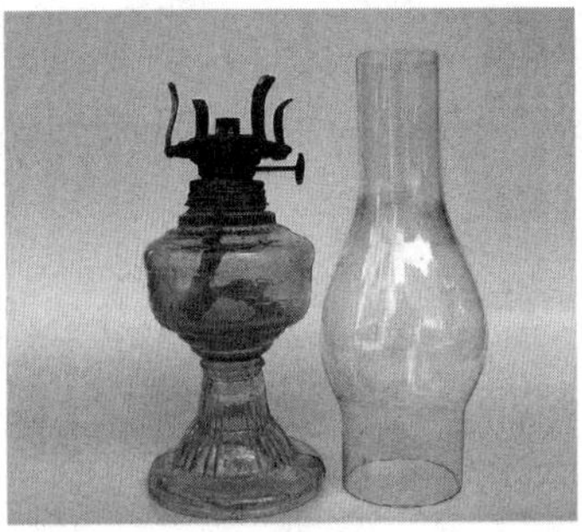	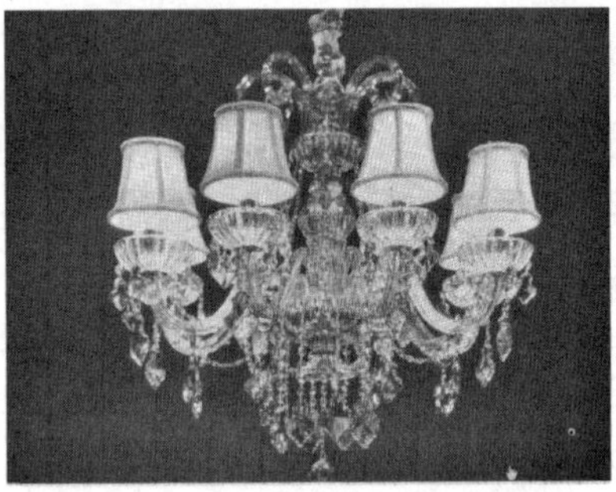
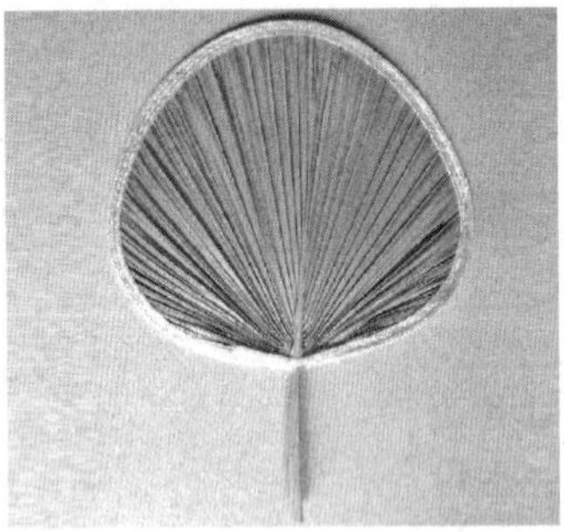	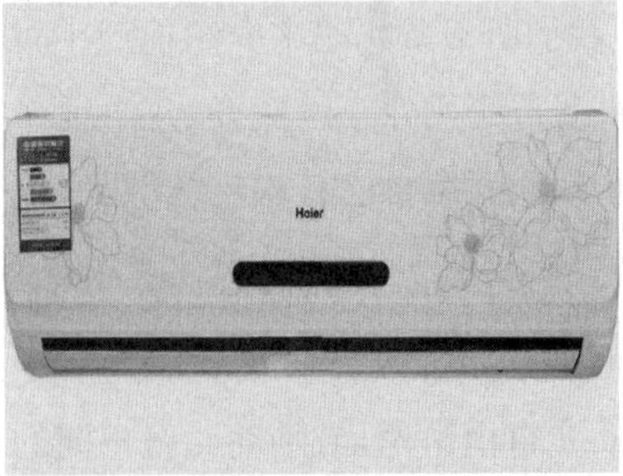
……	……

3. 农具多又多(谈话活动)

活动目标

1. 认识一些常见的农具,了解其名称及用途,能用简洁的语言讲述自己喜欢的农具。

2. 鼓励幼儿围绕话题与同伴自由交谈,注意倾听,向同伴学习经验。

3. 学会观察身边的事物,能用简洁的语言讲述自己喜欢的农具,在谈话活动中萌发爱劳动、爱家乡、爱祖国的情感,引发对现代农业科技的关注。

活动准备

1. 提醒幼儿在日常生活中观察成人劳动;请家长配合,向幼儿介绍家中常见的农具。

2. 布置“农具屋”场景:常见农具(锄头、铁锹、塌耙、连杆拍、簸箕等)。

3. 收割机、插秧机的录像资料。

活动过程

1. 参观农具屋,请幼儿介绍看到的农具。

● 教师:这里有什么?哪些是你认识的?

幼儿与同伴自由讨论,交流发现。

● 教师:这里放的工具都是农民伯伯用的,它们有个共同的名称叫“农具”。

2. 了解常见农具的名称与用途。

● 教师:你们知道这是什么农具吗?在哪里见过?这些工具长得什么样儿?有什么用呢?

引导幼儿根据已有经验,大胆讲述自己认识的工具及其用途。条件允许的可鼓励幼儿演示使用方法。

3. 观看录像:农民伯伯使用工具的场景。

● 教师:小朋友还认识其他农具吗?它有什么用处呢?

鼓励幼儿大胆猜测各种农具的用途。

● 教师:我们一起看一段录像,看看这些农民伯伯使用的是什么农具,他们是怎么使用的?

4. 围绕“我喜欢的农具”进行交流。

● 幼儿两人一组结伴讲述，互相介绍自己喜欢的农具。

● 集体交流，请个别幼儿为大家介绍“我喜欢的农具”。

营造宽松的谈话氛围，鼓励幼儿与同伴交流自己的想法，并大胆地在集体面前介绍。对用词和表达方式处于弱势的孩子给予关注和帮助。

● 总结提升幼儿的谈话经验：“我喜欢的农具是……，它……。”

5. 了解现代农业机器。

● 观看收割机、插秧机劳动情景的视频。

● 幼儿交流、讨论：现代农业机器和普通农具有什么区别？

活动延伸

设计现代化农具，激发幼儿对现代科技的向往。

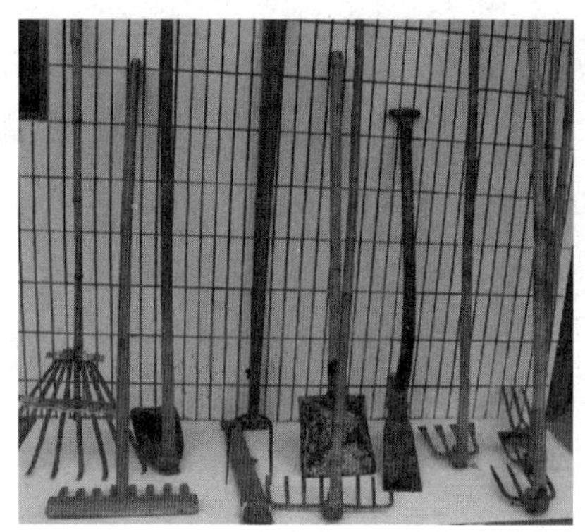

4. 采访泥塑艺人（实践活动）

活动目标

1. 学习制订采访计划，罗列想提的问题，在采访过程中能大胆提出问题。
2. 梳理答案，了解泥狗狗的制作过程。
3. 体验与民间艺人交流的乐趣。

活动准备

1. 教师事先与泥塑艺人商谈有关采访事宜，请他做好采访准备。

2. 幼儿小组讨论出向民间艺人提出的问题以及采访过程中的注意事项。教师根据各组讨论情况，和幼儿一起记录拟提问题、罗列采访注意事项，如：要有礼貌，要准备好纸、笔、录音机、照相机，带一些自制的手工作品等。

活动过程

1. 师幼一同前往民间艺人范爷爷的泥塑作坊。

● 幼儿主动跟爷爷问好，向爷爷做自我介绍。

2. 请民间艺人带幼儿参观泥塑作坊并做简单介绍。

3. 小记者轮流提问，请范爷爷作答。

问题列举如下：

① 泥狗狗用什么土做的？这土和我们脚下的土一样吗？

② 做泥狗狗难不难？它是怎么做出来的？需要哪些工具？范爷爷做一个泥狗狗需要多长时间？

③ 范爷爷做泥狗狗多少年了？您是跟谁学会做泥狗狗的？

④ 除了范爷爷，还有谁会做泥狗狗？

⑤ 范爷爷一共做了多少个泥狗狗？……

幼儿大胆地向范爷爷提问，并尝试用自己的方式记录采访的内容。

4. 请民间艺人现场制作泥狗狗，幼儿参观操作过程。

● 制作过程：将孤山上的红色粘土岩碾成很细很细的粉末—加水搅拌成面团状—随手捏出造型生动的动物形象—勾勒面部轮廓、压出条纹、打出哨洞—烘烤至坚硬—上色、点缀花纹。制作过程中，幼儿与范爷爷继续自主、深入交流，提出自己感兴趣的问题。

5. 将自制的手工作品送给民间艺人，和爷爷合影留念。

5. 方言对对碰（讲述活动）

活动目标

1. 在猜猜、说说、玩玩中理解方言的意思，感受方言的韵味。

2. 能较流利地学说方言儿歌《三月三，上孤山》。

3. 喜欢说方言，乐意用方言跟别人交流。

活动准备

1. 教师事先向爷爷奶奶请教一些平时不常见的特殊方言词语和方言儿歌,或邀请爷爷奶奶一同参加活动。

2. 可适当准备一些奖品。

活动过程

1. 说说方言,导入活动。

● 教师:每个地方的语言都不一样。我们是靖江人,应该会说靖江话。你们会说吗? 谁来试试看?

● 鼓励幼儿大胆用靖江话表达,感知方言的发音,体验说方言的乐趣。

2. 方言对对碰——词语猜猜猜。

● 教师:小朋友们的爷爷奶奶靖江话说得可好啦,他们要来考考你们,你们愿意挑战吗? 答对有奖哦!

问题及答案。

① 底稿——什么

② 笃老飘——闲聊

③ 豁虎跳——快速跑

④ 茶子亚落——昨天晚上

……

3. 方言对对碰——句子来翻译。

● 教师:接下来,我们要玩难点的,你们有信心吗? 爷爷奶奶们说一句话,看你们知不知道他们说的什么。

① 你锅今浇亚落七个底稿? ——你家今天晚上吃的什么?

② 手不得散,掉或头个? ——手不能动了,怎么回事?

③ 不得了,困歇得或溜! ——不得了,睡过头了!

……

4. 方言对对碰——儿歌会多少。

● 教师:靖江话真有意思,还有更好玩的呢。你们学过靖江童谣吗? 我们来比一比谁会的童谣多。

① 亮巴巴,跟我跑,跑到烂泥桥,买花布,做棉袄;买木梳,梳头毛;买镜子,照宝宝。

② 三月三，上孤山，前山不走走后山，毛草梗子戳脚板。不买底稿吃，不买底稿穿，买个泥狗狗，保呀保平安。

③ 萤火虫夜夜红，姥姥背包做郎中，奶奶劈柴做灯笼，哥哥挑担卖胡葱。

④ 金刚荡杠，摇船过江，盯见孤山，就是靖江。

……

5. 分享奖品，结束活动。

- 小朋友数一数奖品，和爷爷奶奶分享“胜利的果实”。
- 鼓励幼儿学习更多的方言童谣、方言故事，到集体中和同伴分享、交流。

（二）备选活动

田螺姑娘（故事）

某村有一位单身汉，年纪三十多了，还没娶上媳妇。他勤恳能干，每天都辛勤劳作在田间。

有一天，他下田时，无意中拾到一只大田螺，他高兴地带回家，养在自家的水缸里。

时间过得可真快，转眼已过去三年。有一天，单身汉从田地里干完活回家，发现桌子上摆满了热气腾腾的饭菜，单身汉左看右瞧不见有人，他肚子饿极了，不管三七二十一，上桌吃了起来。他边吃边想，会有谁给他煮这么好吃的一桌饭菜呢？他连续几天干活回来都同样是满桌的好饭菜。他想此事一定是邻居李大嫂帮的忙，“今天我要好好去感谢人家”。于是他问了邻居李大嫂，大嫂说：“没有呀！我听到你厨房有做饭、炒菜声，我还以为是你提前回家来做饭呢！”单身汉感到奇怪，会有谁这样做呢？他一定要弄个明白。

有一天，他像往常一样扛上劳动工具出工去了。过一会儿他又偷偷返回家来，躲到家门外偷看个究竟。快到中午时，水缸的盖子被慢慢掀开了，从水缸里走出一位像仙女般的姑娘，接着就很熟练地做起饭、炒起菜来。很快就摆满一桌饭菜。饭菜做好之后，她又躲进水缸里去了。

单身汉心想，今天该不会是我看走了眼？于是，他连续几天都偷偷躲在屋外看着，结果千真万确，确是一位美丽的姑娘每天在帮他做饭炒菜。单身汉想，这么一位漂亮贤惠的姑娘天天来帮忙他煮饭，究竟为了什么？我一定要问个清楚。

又一天的中午，姑娘正在专心做饭时，单身汉推门突然闯了进去，一把将姑娘抱住，并将她锁进房间。他急忙打开水缸盖子，一看傻了眼，怎么那只田螺只剩下个空壳在水中？这水仙般的姑娘难道是这只田螺变成的？单身汉想出个聪明的办法来，他把空螺壳藏到后花园里去。再到房间把姑娘给放出来问个清楚，谁知那姑娘从房间出来直往水缸里跑，当她看见螺壳没了时伤心地大哭了起来。她边哭边跟单身汉说出了实情。她说，她是个螺精，因前世单身汉救过她的命，今生又养了她三年，她是投身来报恩的。单身汉听后好感动，于是，他就与这位姑娘结了婚，婚后他们还生下一对儿女。据说他们夫妻一直很恩爱，日子越过越好。

十二生肖的故事(故事)

你知道自己属什么吗？有属小白兔的，有属大老虎的………有属猫的吗？没有。怎么有属老鼠的，没有属猫的呢？这里有个故事。

很久很久以前，有一天，人们说："我们要选十二种动物作为人的生肖，一年一种动物。"天下的动物有多少呀？怎么个选法呢？这样吧，定好一个日子，这一天动物们来报名，就选先到的十二种动物为十二生肖。

猫和老鼠是邻居，又是好朋友，它们都想去报名。猫说："咱们得一早起来去报名，可是我爱睡懒觉，怎么办呢？"老鼠说："别着急，别着急，你尽管睡你的大觉，我一醒来，就去叫你，咱们一块儿去。"猫听了很高兴，说："你真是我的好朋友，谢谢你了。"

到了报名那天早晨，老鼠早就醒来了，可是它光想到自己的事，把好朋友猫的事给忘了，就自己去报名了。

结果，老鼠被选上了。猫呢？猫因为睡懒觉，起床太迟了，等它赶到时，十二种动物已被选定了。

猫没有被选上，就生老鼠的气，怪老鼠没有叫它，从这以后，猫见了老鼠就要吃它，老鼠就只好拼命地逃。现在还是这样。

你知道哪十二生肖吗？

它们是：鼠、牛、虎、兔、龙、蛇、马、羊、猴、鸡、狗、猪。

怎么让小小的老鼠排在第一名呢？这里也有个故事。

报名那天，老鼠起得很早，牛也起得很早。它们在路上碰到了。

牛个头大，迈的步子也大，老鼠个头小，迈的步子也小，老鼠跑得上气不接下气，才刚刚跟上牛。

老鼠心里想：路还远着呢，我快跑不动了，这可怎么办？它脑子一动，想出个主意来，就对牛说："牛哥哥，牛哥哥，我来给你唱个歌。"牛说："好啊，你唱吧——咦，你怎么不唱呀？"老鼠说："我在唱哩，你怎么没听见？哦，我的嗓门太细了，你没听见。这样吧，让我骑在你的脖子上，唱起歌来，你就听见了。"牛说："行啰，行啰！"老鼠就沿着牛腿一直爬上了牛脖子，让牛驮着它走，可舒服了。它摇头晃脑的，真的唱起歌来：

“牛哥哥，牛哥哥，过小河，爬山坡，驾，驾，快点儿啰！”

牛一听，乐了，撒开四条腿使劲跑，跑到报名的地方一看，谁也没来，高兴得昂昂地叫起来：“我是第一名，我是第一名！”牛还没把话说完，老鼠从牛脖子上一蹦，蹦到地上，吱溜一蹿，蹿到牛前面去了。

结果是老鼠得了第一名，牛得了第二名。所以，在十二生肖里，小小的老鼠给排在最前面了。

主题二：田野里的趣事

（大班·上）

第一部分：主题背景及目标

（一）主题背景

乡村的广阔天地和丰富的自然资源、淳朴的民风人情，为幼儿们撒欢嬉闹、学习成长提供了独特的物质和人文环境。在田野间、村落里、场院内，幼儿们通过与大自然的互动积累着对世界的认识，丰富着语言的经验，这经验是如此鲜活而又真实。在田埂上撒欢奔跑，向勤劳的稻草人问声好；轻轻吹一口气，对着随风飞舞的蒲公英种子送上喃喃的祝福；循着"啾啾"的叫声寻找，争论一番谁的虫子更大、更厉害；哼着朗朗上口的童谣，跟小伙伴互相用狗尾巴草"挠痒痒"，笑声穿过田野，飞向蓝天……

结合大班幼儿语言学习的特点和要求，遵循继承、创新、发展的原则，依托生动的童谣、故事，不断挖掘田间地头的语言资源，使文学与幼儿的生活、游戏相融，让语言学习的目标融于有趣的乡野游戏之中，可以激发幼儿大胆表达、创新表达的意愿，萌发热爱大自然的积极情感。

（二）主题目标

1. 幼儿学说游戏童谣，在说说、玩玩的过程中体验农家歌谣的生动、农家游戏的有趣。

2. 幼儿用形象化的语言和整齐的句式，积极表达田野里发生的趣事。

3. 支持幼儿积极参与各种农家游戏，在快乐的游戏中体会人与人、人与自然的和谐关系。

4. 引导幼儿在与同伴的交流、互动中感受彼此分享、共同游戏的乐趣。

(三) 关键经验

1. 学说游戏儿歌，体验游戏儿歌所表达的欢乐情绪。
2. 初步理解儿歌、故事所表现的乡野情趣，引发进一步探究的兴趣。
3. 能用自己的语言表述自己经历的或看到的田野趣事。

(四) 核心词汇

田野、趣事、表述、仿编、合作游戏。

第二部分：资源准备

(一) 经验准备

走进田间地头，找一找、说一说自己找到的植物或小虫子。

(二) 材料准备

搜集有关民间游戏的视频资料。

(三) 社区和家长资源

邀请乡镇文化馆的民间游戏研究者来园与幼儿交流；邀请家长和祖辈家长来园，或者在家带孩子玩玩“爸妈小时候玩过的农家游戏”。

第三部分：领域渗透

(一) 健康领域

1. 跳沟渠、走小桥：采用跨跳的方式跨过宽 60 厘米左右的沟渠，或走过铺在沟渠上的板子。

2. 跳房子：在地面上画各种格子，组成“房子”，将沙包依次投掷到相应格子里，然后单脚按顺序往前跳，返回时捡起沙包，回到起点即可投下一格继续游戏。若脚着地即为失败,换对手游戏。

(二) 科学领域

1. 捉蛐蛐儿:寻找、发现田野里的小虫子,观察、比较它们的不同,尝试通过调查了解它们的种类和习性。

2. 吹蒲公英:观察蒲公英随风飘扬的姿态,探索种子传播的秘密。

(三) 艺术领域

1. 稻草人:自主探索用捆、扎的方法制作稻草人,并选择材料进行创造性装饰。

2.《蝈蝈和蛐蛐》:学习歌曲,感受京歌的韵味。

第四部分:一日生活拓展

(一) 学习环境

1. 墙面日记。

(1) 鼓励幼儿在“农家乐”主题墙面上布置自己搜集的各种农家游戏图片以及相对应的童谣。

(2) 在主题实施过程中,将幼儿活动的图片、幼儿作品等不断充实进去,呈现幼儿学习的轨迹。幼儿可以不断温故并引发新的学习。

2. 自然角。

提供各种植物、昆虫的实物或图片,呈现对应的汉字,鼓励孩子认识植物、指认汉字,引发幼儿对文字的兴趣。

(二) 区域活动

1. 生活区。

(1) 小小生活家:尝试体验筛米、舂芝麻、磨豆浆等活动。

(2) 红薯藤项链:提供红薯藤,引导幼儿自制“项链”。

2. 美工区。

(1) 种子粘贴画:投放豆子、瓜子壳等材料,幼儿自主绘制图案轮廓,并进行粘贴画制作。

(2) 稻草人制作:投放稻草和辅助材料,幼儿合作制作稻草人并进行装饰。

3. 科学区。

(1) 数玉米:投放玉米和记录表,幼儿计数并记录。

(2) 剥豆子:投放豆角和记录表,幼儿剥豆子并记录数量。

4. 语言区。

(1) 看图书:投放绘本《老鼠嫁女》《蝈蝈和蛐蛐》。鼓励幼儿带自己喜欢的图书来园,和同伴交换阅读。

(2) 故事盘:投放《稻草人的朋友》背景盘,鼓励幼儿绘制相应的角色并进行故事讲述或创编。

5. 表演区。

投放蝈蝈儿和蛐蛐儿的头饰,幼儿表演"吹牛皮"。

6. 建构区。

投放中型积木,幼儿合作搭建"农家小院"。

(三) 生活环节

1. 利用餐后、散步或自由活动时间,玩玩自己喜欢的农家游戏。

2. 利用散步或户外活动、休息时间,寻找蒲公英和狗尾巴草,玩吹蒲公英的游戏,或到草丛间捉蛐蛐儿、找小虫。

(四) 家园共育活动

1. 请家长跟孩子说说自己小时候的田野趣事,带着孩子玩玩自己小时候玩过的田间游戏,或参与简单的田间劳动。

2. 组织亲子活动,邀请爸爸妈妈演示自己小时候玩过的田间游戏,开展"抬花轿"比赛。

第五部分：资源菜单

（一）经典案例

1. 蒲公英和风(语言游戏)

活动目标

1. 感知蒲公英的外形特征，了解蒲公英种子随风传播的特点。
2. 有感情地朗诵儿歌，注意发准“兵、坪、淋、英”等鼻音，体验仿编儿歌的乐趣。
3. 愿意在集体中大胆地讲述和表演，体验合作游戏的乐趣。

活动准备

1. 一起寻找蒲公英，看一看，吹一吹，初步感知蒲公英漫天飞舞的美景，了解蒲公英的生长习性。

2. 蒲公英图片。

活动过程

1. 出示图片，导入活动。

● 教师：这是什么？你在哪里看见过它？

幼儿交流、分享关于蒲公英的生活或游戏经验。

2. 欣赏儿歌，理解内容。

● 教师朗诵诗歌。

教师：你听到了什么？你最喜欢儿歌里的哪一句？

● 观看图片，了解蒲公英的外形特征。

教师：蒲公英是什么样子的？像什么？你吹过蒲公英吗？

● 调动已有经验，初步了解蒲公英种子随风传播的特点。

教师：随风飞舞的蒲公英像什么？谁愿意用动作来学一学？

幼儿大胆用动作表现蒲公英飘飞的样子。

● 教师:为什么说“阳光照,雨水淋,长出一片蒲公英”呢?

通过相互交流,分享关于植物生长的知识。

3. 学习儿歌,创意表演。

● 提醒幼儿口齿清晰地朗诵,注意发准“轻、兵、坪、英”等鼻音。

● 幼儿大胆创编动作,自主表演儿歌内容。

4. 改编儿歌,拓展认知。

● 教师:四处飞舞的蒲公英,除了会落在草地上,还会落在哪些地方?能编到儿歌里面去吗?

● 幼儿自主讨论,每个小组推选一名代表上来朗诵,或集体朗诵小组创编的儿歌。

5. 游戏:蒲公英和风。

● 教师:风婆婆来了,她想送蒲公英去旅行,你们愿意做蒲公英吗?

● 游戏规则:

师幼:“一棵蒲公英,一群小伞兵”,幼儿自由做一个蒲公英造型;

师幼:“风儿吹,飘呀飘”,动作表现蒲公英漫天飞舞;

教师:“一落落在×××”,幼儿根据落下的地方变换动作。当教师说到“一落落在小河里”时,“蒲公英”要赶快逃回“妈妈”身边(小椅子旁)蹲下。没有及时逃回被“风婆婆”抓住的“蒲公英”则交换角色,扮演“风婆婆”,继续游戏。

师幼:“阳光照,雨水淋,长出一片蒲公英”,幼儿合作表演“一片蒲公英”。

活动延伸

教师和幼儿一起到田间地头寻找蒲公英,吹一吹,玩一玩,再次感受蒲公英随风飞舞的特点。鼓励幼儿像蒲公英一样敢于离开妈妈的怀抱,做个勇敢、独立的孩子。

附儿歌

蒲公英

一棵蒲公英,

一群小伞兵。

风儿吹,飘呀飘,

一落落在青草坪。
阳光照，雨水淋，
长出一片蒲公英。

（张秋生）

2. 稻草人的朋友(故事)

活动目标

1. 知道稻草人的作用，初步了解保护农作物的方法。

2. 体会故事中角色的情感，知道不同行为方式会带来不同的后果。

3. 愿意在集体中大胆表达自己对故事情节的认识，体验帮助别人双方都快乐的情感。

活动准备

稻草人一个，故事图片。

活动过程

1. 出示稻草人，激发兴趣。

● 教师：它是谁？是用什么材料做成的？有什么用处？

● 教师：你们愿意做稻草人的朋友吗？请为稻草人起个名字吧。

● 教师：田野里也有一个稻草人，有一天他被大风吹倒了，接下来发生了什么故事呢？

2. 结合图片，理解故事。

● 教师有感情地讲述故事，提问：

① 稻草人没有朋友，它感到怎么样？

② 稻草人为什么会倒在稻田里？

③ 稻草人请谁帮忙的？

④ 谁成了稻草人的朋友？为什么它们成了朋友？

⑤ 故事里你最喜欢谁？为什么？

● 幼儿回忆故事内容，着重感受稻草人的情感。

● 教师：稻草人为小猴着想，不要它站在这里陪它，怕小猴不快活。小猴不仅帮助稻草人站了起来，还动脑筋想办法，让稻草人快活起来。它们互相关心，所以成了真正的朋友。

3. 联系生活，拓展认知。

● 教师：你接受过别人的帮助吗？他是怎么帮助你的，你有什么感觉？

你帮助过别人吗？是怎么帮的？你有什么感觉？

引导幼儿回顾生活经验，重点理解被别人帮助和帮助别人时自己的情感体验。

● 教师：有别人的帮助，是快乐的。有能力帮助别人解决困难，那也是快乐而自豪的。

活动延伸

1. 带上画板到田间开展"稻草人写生"活动。

2. 制作和装饰稻草人。

附故事

稻草人的朋友

秋天到了，稻谷黄了，许多麻雀飞来偷吃稻谷。

农民伯伯见了十分心疼，他扎了个稻草人，用它来驱赶麻雀。

一天夜里，一阵大风把稻草人刮倒了。

稻草人孤零零地倒在稻田里，它没有朋友，感到很孤单。

早晨，稻草人看见一群麻雀来吃稻谷，可是它站不起来，心里好着急。

一只兔子从稻田穿过，稻草人说："小兔子，请你帮我站起来好吗？我要赶麻雀。"

兔子看了稻草人一眼，说："原来你只有一条腿，就是站起来也不会走路，你还是躺着吧！"说着，就一跳一跳地跑了。

稻草人很生气，它转过脸不想再看兔子。它宁可躺着，也不要兔子帮忙。

过了一会儿，一只小狗跑过来。稻草人忙喊："小狗，请你帮我站起来好吗？我要赶麻雀。"

小狗急忙跑来，举起稻草人随随便便地往稻田里一插。"啊呀，我还没有站好呢！小狗，你把我插歪了！"可是，小狗已经跑远了，没有听见它的话。

稻草人歪着身子站着，难受极了。这时候，远远地跑来了一只猴子。

稻草人还没开口，猴子就不声不响地把稻草人端端正正地插在稻田里。

“小猴子，谢谢你帮了我。”

“不用谢。”猴子拍打着稻草人身上的泥土。

“稻草人，你一个人站在这儿吗？多孤单呀！”

“是啊，可是我要赶麻雀呀！”稻草人说。

“让我做你的朋友，和你作个伴吧！”

稻草人说：“难道你也跟我一样站在这里？哦，不！你会不快活的！”

猴子搔搔后脑勺，眼睛骨碌骨碌地转着，它要想个办法，让稻草人快活起来。

“哈，有了！”它拔起稻草人，举着它，在田埂上飞奔起来。

远处的麻雀见稻草人来了，“哄”的一声飞走了。

从来没离开过稻田的稻草人，张开双臂，高兴地叫着：“啊，我的朋友，我好快活呀！”

3. 蝈蝈和蛐蛐（语言游戏）

活动目标

1. 理解儿歌内容，初步掌握儿歌，念出儿化音。
2. 体验和表现蝈蝈儿和蛐蛐儿吹牛皮的得意神情。
3. 懂得不能随便说大话的道理。

活动准备

蝈蝈儿、蛐蛐儿图片各一张。

活动过程

1. 出示图片，激发兴趣。

● 教师：你们认识这两只小虫吗？

2. 学习儿歌，理解内容。

● 教师朗诵儿歌。

● 提问：这首儿歌有趣吗？哪个地方有趣？蝈蝈和蛐蛐是怎样吹牛皮的？“蝈蝈”和“蝈蝈儿”有什么不同？

幼儿仔细倾听，分辨发音中的差异。

● 教师：儿歌中念的时候有儿化音，这是北京人说话的京味儿。

● 用整体和分角色的方式，组织幼儿学习儿歌。

3. 游戏中提升经验，懂得不能随便说大话。

● 教师扮演大公鸡，幼儿扮演蝈蝈儿和蛐蛐儿，进行游戏。

● 讨论：吹牛皮有什么不好？

● 教师：我们不能说大话，要做一个实事求是的人。

附儿歌

蝈蝈和蛐蛐

我是蝈蝈儿，
我是蛐蛐儿。
我是哥哥，
我是弟弟，
南山坡守着那块青草地，
吃饱了肚皮就吹牛皮。
蝈蝈儿对着蛐蛐儿笑眯眯：
“老弟啊，嘿嘿，听我说你可别着急，
天下的动物我全管，
叫谁向东它不敢朝西。”
蛐蛐儿对着蝈蝈儿笑嘻嘻：
“老哥啊，嘿嘿，
听我说你可别生气，
天下的动物生杀我来定，
它们尊我为皇帝。”
蝈蝈儿越吹越得意，
蛐蛐儿越侃越入迷。
没想到走来一只大公鸡，

一口一个,一口一个,

把哥俩全都吃下去。

(熊　亮)

4. 数蛤蟆(民谣)

活动目标

1. 学习童谣,理解数蛤蟆的计数规律。
2. 能根据规律进行仿编,喜欢参与这样的挑战。
3. 知道蛤蟆是人类的朋友,我们从小要爱护它。

活动准备

玩具蛤蟆、蛤蟆图片。

活动过程

1. 出示图片,认识蛤蟆。

● 教师:图上有什么?它生活在什么地方?它有什么本领?我们应该怎样对待它?

幼儿调动生活经验,分享关于蛤蟆的认识。

● 教师:蛤蟆是人类的好朋友,它会捉害虫,帮助我们保护田野里的庄稼,我们要爱护它。

2. 分析内容,学习童谣。

● 出示蛤蟆,说说蛤蟆的特征。

提问:一只蛤蟆几张嘴?几只眼睛几条腿?

幼儿完整说第一段童谣。

● 出示第二只蛤蟆。

提问:现在是几只蛤蟆?几张嘴?几只眼睛几条腿?扑通几声跳下水?

幼儿完整说第二段童谣。

● 幼儿完整诵读童谣。

3. 按照规律,仿编童谣。

● 出示第三只蛤蟆,提问:现在是几只蛤蟆?几只眼睛几条腿?扑通几声跳下水?

● 幼儿把创编好的童谣连起来朗诵。

● 请幼儿讨论,给童谣取名字。

4. 复习童谣,自主挑战。

● 幼儿一起朗诵童谣。

● 幼儿加快速度进行挑战。

● 提供蛤蟆图片,幼儿以小组为单位,自主选择蛤蟆数量进行挑战。

活动延伸

1. 请家长带领幼儿到田野中观察并了解蛤蟆。

2. 出示其他动物的图片,引导幼儿根据童谣的规律和节奏进行计数和仿编。

附童谣

数蛤蟆

一只蛤蟆一张嘴,两只眼睛四条腿,扑通一声跳下水。

两只蛤蟆两张嘴,四只眼睛八条腿,扑通扑通跳下水。

5. 骑白马的苍耳(故事)

活动目标

1. 知道植物种子有多种传播方式,能用连贯的语言表达自己的经验。

2. 能尝试运用"小苍耳,骑'白马'……"的儿歌句式,仿编蒲公英、凤仙花等植物种子传播的方式。

3. 乐意到田间地头观察各种各样的种子,愿意在集体中大胆表达。

活动准备

故事图片。

活动过程

1. 设置悬疑,激发兴趣。

● 教师出示苍耳图片:这是什么？你在哪里见过？它是什么样子的？

幼儿观察图片,分享关于苍耳的生活经验。

● 教师:有一个故事,名字叫《骑白马的苍耳》。苍耳还会骑马？一定很有意思,我们一起来听一听吧。

2. 倾听故事前半部分,了解植物种子传播的方式。

● 教师有感情地讲述故事前半部分,至“小苍耳们看看刺猬先生也都乐了,他们是挺像的”。

● 提问:① 刺猬先生喜欢做什么？② 蒲公英的种子是怎么来的？③ 凤仙花的种子怎么来的？④ 樱桃树的种子是怎么来的？⑤ 刺猬先生为什么说“你们的模样像我”？

● 幼儿观察、分析刺猬和苍耳的相同点。植物的种子虽然没有脚,但它们都有自己的方法,可以到远方去生根、发芽、长大。

3. 倾听故事后半部分,了解儿歌的含义。

● 提问:那苍耳到底是怎么来到这块草地上的呢？

● 教师讲述故事后半部分。

● 提问:① 谁经过这里？② 刺猬先生发现了什么？③《小苍耳骑白马》的儿歌说的到底是什么意思？

● 教师:原来,苍耳子的刺上有钩子,可以钩在动物身上到处跑。落到哪里就在哪里安家。

● 幼儿学习朗诵儿歌《小苍耳骑白马》。

4. 调动经验,仿编儿歌。

● 提问:小苍耳的传播方式是“骑白马”,其他植物种子都有自己独特的传播方式,它们的传播方式能不能像“小苍耳骑白马”一样编成简单的儿歌？

● 幼儿看图自由创编。如:

凤仙花,小炸弹,没腿也能跑天下……

蒲公英,小伞兵……

樱桃子,坐飞机……

活动延伸

在父母的带领下,到田间地头观察其他植物的种子,了解它们传播的途径,并尝试编到儿歌里去。

附故事

骑白马的苍耳

刺猬先生像一位管理户籍的警察。

他每天夹着个小本子,调查着这块草地上小花小草的来历。

他知道,蒲公英的种子,是撑着小伞,由风婆婆送来的。

他知道,凤仙花妈妈了不起,结的果实像个小炸弹,太阳一晒,果皮爆裂了,会把种子像子弹一样射出去,射得老远老远的。

至于那棵小樱桃树,就更有趣了。那是一只贪嘴的小鸟,吞下了樱桃,把樱桃核和鸟粪一起拉了出来,掉到草地上,樱桃树苗就这样长出来了。

近来,他发现,草地上悄没声儿地长出了两棵苍耳,在苍耳的绿枝上,还结出了好多苍耳子。刺猬先生感到很奇怪:"小苍耳,你们的模样挺像我的!你们是怎么到这儿来的?"

小苍耳们看看刺猬先生也都乐了,他们是挺像的。

正巧这时一只小白兔跑过,他向刺猬先生问好并请他有空去做客。

当小兔离开时,刺猬先生发现,有三颗小苍耳子,已经把自己的小刺钩在了小白兔的毛上,并快乐地唱起了歌:"小苍耳,骑'白马',没腿也能跑天下,告别妈妈和故乡,快到远处去安家……"

刺猬先生乐了,他终于懂了苍耳是怎么来的。

(张秋生)

(二)备选素材

炒蚕豆,炒豌豆(民间游戏)

炒蚕豆,炒豌豆,噼里啪啦翻跟头。

小蚱蜢，学跳高（儿歌）

小蚱蜢，学跳高，一跳跳上狗尾草。
腿一弹，脚一翘，哪个有我跳得高！
草一溜，摔一跤，头上跌个大青包。

（张继楼）

韭菜与麦苗（儿歌）

三岁女孩小瑶瑶，
来到乡村看姥姥。
田里绿苗连成片，
风儿一吹把手招。
瑶瑶惊奇大声叫，
好多好多韭菜苗。
姥姥听了哈哈笑，
不是韭菜是麦苗。
瑶瑶迷惑羞红脸，
细听姥姥说分毫。
韭菜叶宽肉儿厚，
麦叶细细窄又薄。

主题三：有趣的童谣

（大班・下）

第一部分：主题背景及目标

（一）主题背景

“摇啊摇，摇到外婆桥，外婆叫我好宝宝”“月亮走，我也走，我给月亮提笆篓”……夏夜的农家小院，奶奶摇着蒲扇，一边轻拍着小孙子，一边似唱非唱地哼着久远的童谣。这一幕，成了多少代人温馨的回忆。

民间童谣用生动形象、夸张幽默的表达方式，描述了不同季节、不同节气的乡村风俗习惯、生活常识和风土人情，题材包罗万象、想象丰富，且语言精炼，说来朗朗上口，韵味十足，能充分满足儿童好奇、好模仿的心理特点。

本着内容健康、富有情趣、贴近农村生活的宗旨，结合大班幼儿语言学习的特点，可以选择一部分具有代表性的童谣作为幼儿语言活动的素材，如童谣故事《一园青菜成了精》、绕口令《打醋买布》、方言童谣《摇船过江》、蕴含自然知识和社会性情感的童谣《月亮走，我也走》、新童谣《踩高跷》等，引导幼儿在说说唱唱中体验童谣的趣味性和韵律美，通过理解、记忆、创编活动，促进幼儿语言、思维的发展，并引导孩子进一步认识乡村自然、认识乡村社会，传承民俗文化。

（二）主题活动目标

1. 引导幼儿初步了解童谣的风格特点，感受童谣的诙谐有趣，能按照一定的节奏吟诵，体验童谣的韵味。

2. 支持幼儿在理解童谣内容的基础上，运用已有的知识储备，对童谣进行仿编。

3. 发动幼儿参与搜集本地乡村的民间童谣、方言童谣，在搜集材料的过程中增进亲子间的交流沟通。

4. 鼓励幼儿把自己知道的童谣和同伴交流分享，体会吟诵和分享的快乐，增进对民间文化和方言的认同感。

（三）关键经验

1. 感知童谣这一民间文学形式的风格特点。
2. 体验吟诵童谣的节奏和韵律，能根据原文内容及既定节奏、韵律进行仿编。
3. 依托童谣，进一步拓展对地方方言、民风民俗、生活常识等方面的认识。

（四）核心词汇

童谣、节奏、韵脚、吟诵、仿编、民俗。

第二部分：资源准备

（一）经验准备

家长协助幼儿收集整理一些身边的童谣、民间故事等。

（二）材料准备

搜集有关民间童谣和民风民俗的绘本、录音或视频资料。

（三）社区和家长资源

邀请乡镇文化馆或民间的民谣研究者来园与幼儿交流；邀请幼儿的爷爷奶奶或者太爷爷太奶奶来园，讲讲他们小时候吟唱的童谣，以及关于童谣的故事。

第三部分：领域渗透

（一）健康领域

1. 编花篮：尝试编花篮的体育游戏，能够按顺序将同伴的名字编进儿歌，体验边吟诵边玩的游戏形式，发展幼儿下肢力量，锻炼平衡能力，增强团结协作的意识。

附儿歌

编花篮

编、编、编花篮，
花篮里面有什么？
花篮里面有小孩儿。
小孩的名字叫什么？
小孩的名字叫××。

（宋 艳，有改动）

2. 滚铁环：尝试利用钩子推动铁环前进，增强手臂的控制力，锻炼奔跑的能力。

（二）社会领域

1. 走进我家附近的人文景观：了解它们的历史和故事，并能用自己的方式表达。

2. 搜集身边的童谣：发放《我搜集的童谣》调查表，鼓励幼儿通过采访自己的家人、邻居、亲戚等方式，丰富童谣资源。

（三）科学领域

1. 小船摇到外婆桥：利用各种纸折小船，放到水中进行比赛，看哪种纸折的小船能开得更久、更远。

2. 月亮走，我也走：在家长的陪同下，感受“月亮走，我也走”的神奇。

（四）艺术领域

画童谣：为自己喜欢的童谣配图画。

第四部分：一日生活拓展

（一）学习环境

1. 墙面日记。

(1) 展示幼儿与家长合作完成的调查表，便于幼儿随时交流。

(2) 增设“童谣收集箱”，鼓励幼儿继续收集童谣故事并投入其中，定时打开信箱,共享新的童谣内容。

(3) 收集幼儿《画童谣》作品,配上童谣题目,布置成“我们会说的童谣”展示区,便于幼儿参考、吟诵。

(4) 搜集本县、本乡、本村的风景名胜、风土人情图片,为幼儿的仿编提供素材。

(二) 区域活动

1. 美工区。

(1) 童谣里的故事:引导幼儿为自己喜欢的童谣配图画;或分工合作,为童谣配连环画。

(2) 剪窗花:提供各色彩纸、剪刀、范例及操作步骤图,鼓励幼儿尝试剪窗花。

2. 语言区。

(1) 民俗图书会:搜集、投放有关民谣、民间故事的图书,以及本地名胜、民俗的图片(可自制图册),供幼儿翻阅、交流。

(2) 趣味念童谣:投放蛙鸣筒、圆舞板等材料,鼓励幼儿采用多种方式念童谣,体验童谣的节奏感。

3. 科学区。

(1) 数蛤蟆:投放蛤蟆及各种动物卡片,鼓励幼儿尝试数动物。

(2) 指纹印画:用放大镜观察指纹,尝试印指纹并进行添画。

4. 表演区。

(1)《一篮青菜成了精》:投放蔬菜头饰或胸卡,幼儿分工合作表演这个童谣故事。

(2)《打醋买布》:鼓励幼儿开展绕口令比赛,或互相学习新的绕口令。

(三) 生活环节

利用餐前等待、离园整理、运动后休息等间隙说说童谣,让等待的时间变得充实又有趣。

(四) 家园共育活动

1. 请家长和孩子一起收集听过的童谣,选择一到两首,用连环画的形式绘制成图书,带来与同伴一起分享阅读。

2. 家长向孩子介绍自己儿时玩过的童谣游戏，说说童谣中的逸闻趣事。

3. 家长向孩子介绍方言童谣、方言故事，引发孩子对方言的兴趣。

第五部分：资源菜单

（一）经典案例

1. 摇船过江（方言童谣）

活动目标

1. 学习方言童谣《摇船过江》，体验方言的韵味。

2. 能用自己熟悉的家乡名胜替代改编童谣，扩展对家乡的认识。

3. 尝试用方言说出同伴的姓名和简单特征，在游戏中体验方言的乐趣。

活动准备

1. 岳王庙、孤山等本地名胜的图片，天安门、东方明珠、水立方、鸟巢等标志性建筑图片。

2. 布娃娃一个。

活动过程

1. 出示图片，导入活动。

● 教师：这是什么地方？（孤山。）老师听说过一首关于孤山的儿歌，小朋友们，你们想听吗？

2. 感知欣赏，理解童谣。

● 教师：这首儿歌和我们以前说的有什么不一样吗？（靖江方言儿歌。）

● 教师：这首儿歌说的是什么意思？

为什么说“盯见孤山，就是靖江”呢？

鼓励幼儿自由表达对儿歌的初步理解。

● 教师：以前，长江很宽很宽，孤山是长江里的一个小岛。人们坐着小船过江，看到了孤山，就知道靖江到了。

3. 学习童谣，模仿游戏。

● 幼儿学说童谣。

● 教师邀请一名幼儿共同示范游戏。

教师和幼儿分别扮演爸爸、妈妈，一人拉住布娃娃的双手，一人拉住布娃娃的双脚，一边摇晃一边念儿歌。到最后一个“江”字时将娃娃摆高。

● 幼儿自主选择朋友，两两拉手游戏。

4. 改编儿歌，拓展认识。

● 教师：除了孤山，靖江还有哪些好看、好玩的地方呢？它用靖江话怎么说？能不能编到儿歌里面去？

● 教师和幼儿一起回忆靖江的风景名胜，并用方言表达。

5. 运用方言，快乐游戏。

● 教师：我们也可以把小朋友编进童谣里去呢。想不想试试？

● 师幼讨论游戏玩法。

金 gang 荡 gang，
摇船过江。（拍手向前走）
眊见红衣服，（站到好朋友面前，说出他的某一特征）
就是×××。（好朋友站起来大声说出自己的名字。两人一起继续找新朋友玩游戏）

● 幼儿相互用方言说说自己的名字、说说好朋友的名字。

● 幼儿自主游戏。

活动延伸

1. 了解国内其他城市的著名建筑，如北京天安门、上海东方明珠等，学习用方言说一说，并进行替换仿编。

2. 了解国外的著名建筑，如悉尼歌剧院、埃菲尔铁塔等，尝试用靖江话说一说，并进行替换仿编。

附江苏泰州靖江方言童谣

摇船过江(靖江民谣)

金 gang 荡 gang,
摇船过江。
盯见孤山,
就是靖江。

2. 一园青菜成了精(童谣故事)

活动目标

1. 理解童谣内容,感受童谣丰富的想象及诙谐、幽默的语言特点。

2. 感受蔬菜战争场面的激烈,体会童谣蕴含的嬉戏意味。

活动准备

1. 绘本故事课件。

2. 熟悉故事《三打白骨精》,知道挂帅出征、叫阵、扫堂腿等词语的含义;了解各种常见蔬菜的特征。

活动过程

1. 观察导入,激发兴趣。

● (出示图一)教师:这是什么地方? 菜园子里都种了些什么?

这个菜园子是谁的呢? 没有人照顾这些蔬菜,菜园子里会发生什么事情?

● 鼓励幼儿观察画面内容、大胆猜想故事情节。

2. 课件辅助,欣赏童谣。

● (讲述故事前半段,至"一封战书打进园")教师:你觉得刚才这段话好听吗? 和我们平时说的话有什么不同? 童谣里讲了什么事?

幼儿通过反复念诵,对比发现句式对仗押韵、朗朗上口的特点。

● 出示图三,教师讲述"豆芽菜跪倒来报信"至"大呼小叫争输赢"。

● 提问:胡萝卜军在哪边? 莲藕军在哪边? 两军分别有哪些蔬菜兵? 如果让你

选择，你想加入什么军？做什么士兵？你想怎么对付敌人？

幼儿大胆表达自己的意愿。

●（出示图四，小葱和茄子PK）教师：你看到了什么？它们拿什么当武器？怎么作战的？谁赢了？从哪里看出来？

●（出示图五，韭菜和黄瓜PK）教师：这次是谁对战，它们使用的是什么武器？怎么争斗的？谁赢了？

引导幼儿仔细观察画面，分析故事情节。

●（出示葫芦上阵等五幅图）教师：葫芦的威力怎样？结果如何？

幼儿有节奏地朗诵：打得大蒜裂了瓣，打得黄瓜上下青，打得辣椒满身红，打得茄子一身紫。

●（出示图七，藕王钻泥坑）教师：藕王为什么要钻泥坑呢？

●（出示图八，王大爷归来）教师：王大爷这是怎么了？他到底看见了什么？为什么蔬菜还好好地长在地里呢？

幼儿大胆想象，充分表达自己的理解。

●（出示图九）教师：再仔细看看，现在的菜园子和以前的菜园子有什么不同呢？

原来，秋天到了，菜园里的菜都成熟了。

3. 配乐说唱，重温童谣。

● 幼儿欣赏配乐说唱，体验童谣故事的奇妙体验。

● 出示圆舞板、木鱼、小铃等，幼儿自主选择乐器，跟着音乐的节奏进行配乐说唱游戏。

活动延伸

在熟练说唱的基础上，鼓励幼儿分角色进行表演。

3. 打醋买布（绕口令）

活动目标

1. 练习发准易混淆的字音：顾（gù）、醋（cù）、布（bù）、兔（tù）。
2. 学会朗诵绕口令，了解绕口令的句式特点。
3. 在游戏表演中体验绕口令的趣味性。

活动准备

1. 绕口令《打醋买布》的图谱。

2. 图片道具：老爷爷、鹰、兔；实物道具：醋、布、小鼓。

3. 字卡：顾、醋、布、兔。

活动过程

1. 游戏“百家姓”。

● 教师：“喂喂喂！你姓啥？”幼儿答：“喂喂喂！我姓×。”

● 教师：“喂喂喂！姓张的在哪里？”所有姓张的幼儿起立回答：“喂喂喂！姓张的在这里。”

2. 学习绕口令。

● 教师：小朋友们的笑声引来了一位老爷爷。这位爷爷他姓顾。

幼儿学说第一句。

● 教师：顾爷爷今天要上街去买些东西，他会买些什么呢？

● 出示实物和字卡，幼儿学说第二、三两句。

● 教师：老爷爷回头看见了什么？他会怎么做呢？

鼓励幼儿发挥想象，猜测下面发生的情节。

● 出示第五、第六句图谱，先引导幼儿观察，然后学习朗诵。

● 教师：你认为顾爷爷能抓到鹰和兔吗？为什么？

幼儿大胆表达自己的观点，并为自己的观点辩论。

● 出示第七句、第八句图谱，引导幼儿观察、猜测，学习朗诵。

3. 了解绕口令的句式特点。

● 教师完整朗诵。

● 教师：这个儿歌和以前说的有什么不一样？

幼儿通过反复吟诵的方式发现儿歌的特点：有很多发音比较接近的字。

● 教师：这种有很多发音相近的词汇组成的儿歌，叫做绕口令，可以考验小朋友发音是不是准确、清楚，也非常有趣。

4. 多种形式完整地朗诵绕口令。

● 幼儿集体学习朗诵。

● 师幼轮流朗诵。

● 变化速度朗诵。(用小鼓打节奏)
● 幼儿竞赛:“我是绕口令大王”。

附绕口令

打醋买布

有位爷爷他姓顾,上街打醋又买布。
打了醋,买了布,回头看见鹰抓兔。
放下布,搁下醋,上前去追鹰和兔。
飞了鹰,跑了兔,打翻醋,醋湿布。

(周　翔)

4. 摇啊摇,摇到外婆桥(童谣游戏)

活动目标

1. 学习童谣,理解童谣内容。
2. 感受童谣的趣味,愿意用童谣中的句式表达自己的想法。
3. 尝试跟着童谣的节奏玩游戏,体验与同伴合作的乐趣。

活动准备

与儿歌相关的图片。

活动过程

1. 谈话导入。

● 教师:老师要考一考小朋友们,妈妈的妈妈我们怎么称呼?
平时你去外婆家,是怎么去的,使用什么交通工具?
引导幼儿调动已有经验,自主表达。
● 教师:想不想知道老师小时候是怎么去外婆家去的?
教师介绍自己儿时的交通工具——船。

2. 讨论:在外婆家最高兴的事情。

● 教师:外婆见宝宝来了,会怎么做呢?
幼儿结合生活经验,互相讨论。

● 教师完整朗诵童谣。

● 幼儿学说童谣。

3. 玩游戏“摇啊摇”。

摇啊摇，摇啊摇，

一摇摇到外婆桥。（两人面对面，坐在地垫上，双脚盘至对方的身后。拉手前后摇晃，幅度可以尽量拉大，靠对方把自己拉起来）

外婆叫我好宝宝，

糖一包，果一包，

还有饼儿还有糕，

宝宝吃了哈哈笑。（到“哈哈笑”停止摇晃，摆一个造型）

5. 踩高跷（新童谣）

活动目标

1. 初步了解踩高跷这一民俗活动，知道踩高跷是我国的一种传统民俗项目。
2. 学习儿歌，体会儿歌夸张的表现手法，感知高矮的相对性。
3. 萌发积极表达和表现传统文化的愿望。

活动准备

1. 搜集踩高跷的视频资料。
2. 踩高跷图片。

3. 自制高跷。

活动过程

1. 播放视频，初步了解高跷。

● 教师：人们在干什么？这些人为什么这么高？人们什么时候踩高跷？

幼儿调动已有经验，大胆表达，互相分享。

2. 出示图片，理解儿歌。

● 教师示范朗诵。

● 提问：这个踩高跷的小娃娃现在有多高？他是怎么说的？为什么“爸妈才到他的腰”？

幼儿分析、讨论，理解儿歌内容。

3. 学习儿歌。

采用齐说、轮流说等方式，鼓励幼儿学说儿歌。

4. 感知高矮的相对性，仿编儿歌。

● 教师：高跷有不同的高度，如果娃娃换一副高跷，爸爸妈妈会到他哪里呢？

● 教师出示娃娃和不同高度的高跷，引导幼儿进行图片演示，进行儿歌仿编。

5. 拓展知识。

● 教师：人们为什么踩高跷？遇到喜庆的事或者节日，人们还会怎样庆祝？

幼儿自主交流，分享对节日的认识。

● 教师：这些是我们中国的传统文化。人们用踩高跷、舞龙舞狮等不用的方式表达欢乐和喜庆。

活动延伸

户外游戏“踩高跷”。

附儿歌

踩高跷

踩高跷，大伙儿笑，
一夜不见娃长高，
娃儿长得有多高？
爸妈才到他的腰。

踩高跷，入云霄，
一踩上去就长高，
小小人儿扭一扭：
“白云在我脚下飘”。

（谭 哲）

（二）备选材料

月亮走，我也走（童谣）

月亮走，我也走，我给月亮提笆篓。
笆篓里面两个蛋，拿给娃娃下稀饭。

数箩心（童谣）

一箩巧，二箩拙，
三箩骑马过田缺，
四箩敲当当，五箩喝精汤，
六箩会种田，七箩贩私盐，
八箩穷，九箩富，十箩开个典当铺。

滚铁环（游戏儿歌）

小铁环，圆又圆，我推铁环去校园，见了老师问声好，老师对我微微笑。
小铁环，哗哗啦，我推铁环去姨家，见了老姨问个好，老姨不让我乱跑。
小铁环，溜溜转，我推铁环找二嫚，二嫚见我扮鬼脸，吓我出了一身汗。

剪窗花（童谣）

姥姥今年六十八，
剪的窗花会说话。
剪个阿姨坐神九，
剪艘航母保国家。
剪条高速村前过，
剪辆汽车进农家。

剪座高楼入云霞，
剪张笑脸像朵花。
剪面红旗迎风舞，
快乐娃在红旗下。

（朱　墨）

主题四:农民伯伯的谚语

（大班 · 下）

第一部分：主题背景及目标

（一）主题背景

广袤朴实的乡村孕育着一代又一代人，聪明勤劳的汉族人民在长期的生活劳动中总结出许多实践经验，口耳相传成言简意赅、通俗易懂的短句或韵语，这就是谚语。它一般由时令、气象、耕种、箴言等组成，流传至今，一直指导着人们的生产和生活。平时，幼儿总能不断地接触到这些有意思的话，如：冬至馄饨夏至面（节气农谚）；蚂蚁搬家，鱼儿把水跳，风雨不久就要到（气象农谚）；谷雨前和后，种瓜又点豆（耕种农谚）；饭后百步走，活到九十九（箴言谚语）……富有节律的语言、精准生动的表达，总是让幼儿倍感兴趣，情不自禁地想要学着说一说。

因此，建议结合大班幼儿的兴趣，选择一些与幼儿生活紧密联系、浅显易懂又富有情趣的谚语，引导幼儿通过观察、实践、欣赏、吟诵、竞猜等方式理解谚语，了解谚语和农民及自身生活的关系，从而不断丰富生活常识，萌生对民间传统文化的兴趣，体验农民伯伯的智慧与辛劳。

（二）主题目标

1. 引导幼儿感受谚语言简意赅、朗朗上口的特点，知道谚语具有科学性，是农民伯伯在长期生产实践中积累的经验结晶。

2. 支持幼儿通过自然观察、生活实践、故事欣赏等形式理解谚语的内容，学习吟诵谚语。

3. 邀请幼儿一起搜集本地的谚语，在搜集过程中理解谚语和日常生活的关系，激发探索大自然奥秘的愿望。

4. 鼓励幼儿把自己知道的谚语和同伴、家人分享交流，体会吟诵和分享的快乐，增进对民间文化的认同感和自豪感。

（三）关键经验

1. 感知谚语这一民间文学形式的风格特点。
2. 理解谚语的意思，知道谚语具有科学性，乐于吟诵谚语。
3. 依托谚语，进一步拓展对地方方言、民风民俗、生活常识等方面的认识。

（四）核心词汇

谚语、节气、民俗、气象、吟诵、表达。

第二部分：资源准备

（一）经验准备

观察常见的气象变化和人们的耕作活动，了解本地独特的风俗习惯。

（二）材料准备

搜集有关谚语的绘本、录音或视频资料；准备挂历；制作节气钟。

（三）社区与家长资源

邀请乡镇文化馆或民间的谚语研究者来园与幼儿交流；调查幼儿祖辈和父母知道的谚语，请家长为幼儿讲解谚语的意思。

第三部分：领域渗透

（一）社会领域

1. 了解各种节气，关注本地独特的风俗习惯和气候特点。

2. 搜集身边的谚语：发放《我知道的谚语》调查表，鼓励幼儿通过采访自己的家人、邻居、亲戚等方式，丰富谚语资源。

3. 与节气有关的食物：结合节气风俗，与幼儿一同准备食物，如立春的春卷、惊蛰的梨、立夏的蛋、夏至的面条、冬至的馄饨等。

（二）科学领域

1. 理解二十四节气的循环，初步感知十五天为一个节气，六个节气就是一个季节，一年即完成一次春夏秋冬的更替。

2. 制作节气钟，鼓励幼儿每过一个节气就拨动指针，感受节气循环的奥秘。

3. 学过《数九歌》之后，尝试从冬至开始，在挂历上寻找九九踪迹，感受数字与气候的神奇关系。

（三）艺术领域

1. 根据节气，布置富有民俗特色的环境。

2. 根据字卡，把这个节气最典型的特点画出来，制作“节气身份证”。

第四部分：一日生活拓展

（一）学习环境

1. 墙面日记。

(1) 将《节气歌》图谱按顺序布置在主题墙上，便于幼儿随时交流、吟诵。

(2) 增设“谚语收集箱”，鼓励幼儿继续收集谚语并投入其中，定时打开信箱，共享新的谚语内容。

(3) 将幼儿制作的“节气身份证”做成钟表状，让幼儿根据节气拨动指针。

（二）区域活动

1. 美工区。

制作节气身份证：根据字卡，把节气最典型的特点画出来。

2. 语言区。

(1) 民俗图书会：搜集、投放有关民谣、民间故事的图书，以及本地名胜、民俗的图片（可自制图册），供幼儿随时翻阅、交流。

(2) 利用学到的气象农谚自制气象小图书。

3. 科学区。

(1) 挂历的秘密：寻找节气和月份的关系。

(2) 在挂历上练习9个9地数数,学说《数九歌》。

(三)生活环节

1. 利用餐前等待、离园整理、运动后休息等间隙说说、玩玩谚语,让等待的时间变得充实又有趣。

2. 根据节气设计餐点品种,如立春的春卷,雨水时节的元宵,冬至的馄饨等,引导幼儿通过饮食感受节气文化。

3. 根据节气特点设计散步路线,如立春看迎春花,雨水观察柳树,惊蛰赏桃花,春分看油菜花等等,使幼儿将节气与生活周围乡村环境中的动植物变化建立联系。

(四)家园共育活动

1. 请爷爷奶奶、爸爸妈妈和孩子一起收集整理熟悉的谚语,选择其中的一到两首,做成自制谚语小图书,带来与同伴一起分享阅读。

2. 请家长搜集一些和日常生活密切相关的气象类谚语(如"青蛙叫,大雨到";"日落西北满天红,不是雨来就是风"等),并在日常生活中引导幼儿通过观察和体验,发现这些谚语与生活的密切关系,并尝试利用这些谚语来指导自己的穿衣或出行。

第五部分:资源菜单

(一)经典案例

1. 春天里的节气(节气歌)

活动目标

1. 学习儿歌,理解农谚儿歌所表达的含义。
2. 丰富关于"立春""雨水""惊蛰""春分""清明""谷雨"等节气的认识,尝试仿编儿歌。
3. 产生对节气的探究兴趣,乐意在集体中表达自己的认识。

活动准备

1. 汉字卡片:"立春""雨水""惊蛰""春分""清明""谷雨"。
2. 春季各节气的典型活动图片。

活动过程

1. 回忆经验,导入活动。

● 教师:现在是什么季节?一年有哪几个季节?

● 每个季节的气候不一样,农民伯伯必须根据季节和天气的变化来掌握动植物的生长变化,进行播种、施肥、收割等活动。所以聪明的农民伯伯在每一个季节里又细分出很多的节气,并编成了好听又好记的农谚儿歌。今天我们先来听一听春天有哪些节气,在这些节气里包含了哪些天气变化和农业生产的信息。小朋友们仔细听,看看你能听到什么。

2. 倾听儿歌,理解儿歌。

● 教师朗诵《节气歌》第一段。

立春天渐暖,雨水雁河边。
惊蛰春雷响,春分麦起身。
清明断了雪,谷雨来种棉。

● 分层提问,初步了解"节气"的概念。

教师:你听到儿歌里说到了什么?猜一猜是什么意思呢?

鼓励幼儿根据字义大胆猜测。幼儿一次难以听全,教师可多次朗诵。

教师根据幼儿的回答出示汉字卡片,引导幼儿认读。

● 小结:为了更准确地区分天气、指导农耕,聪明的农民伯伯把一年分为二十四个节气。"立春""雨水""惊蛰""春分""清明""谷雨",这些都是春天里的节气。

● 出示图片,初步了解春季里各节气的特点。

教师:这些节气里天气有什么变化,农民伯伯在干什么呢?(教师指着字卡再次朗诵)

出示相应图卡,引导幼儿观察图片,初步理解儿歌内容。

● 多种方式,学说儿歌。

师幼看图齐说儿歌。

教师说节气,幼儿接说内容。

幼儿看着字卡和图片尝试学说儿歌。

遮挡部分图片,幼儿学说儿歌。

3. 了解节气,仿编儿歌。

● 教师:春天气候变化很大,除了儿歌里说到的内容,在每个节气里动物、植物,农民伯伯的劳动、人们的生活习俗还有很多不同的特点。

● 将“立春”的相关图片展示在字卡后面，引导幼儿观察图片，和同伴一起讨论：在立春节气里还发生了什么？能用三四个字概括，并编到儿歌里面去吗？（如：立春去拜年、立春打春牛、立春吃春卷、立春迎春花开等）

● 出示“雨水”“惊蛰”“春分”“清明”“谷雨”节气图片，幼儿自主仿编儿歌。

活动延伸

1. 一年之中还有哪些节气？在这些节气里，天气、动植物、人们的生活和劳动发生了什么变化？

2. 鼓励幼儿用绘画的方式表达自己对节气的认识，家长作简单的文字说明，共同完成调查表《神奇的节气》。

附《节气歌》春季部分节气特征图片

立春——咬春饼（吃春卷）

雨水——庆元宵

惊蛰——清沟渠

春分——菜花黄

清明——去踏青

谷雨——种瓜豆

2. 节气的身份证(节气歌)

活动目标

1. 能用连贯的语言大胆表达自己对节气的认识,继续仿编儿歌句式。
2. 利用图夹文的方式,分组制作节气字卡。
3. 能运用调查的方法获取信息,在集体交流中相互学习、丰富经验。

活动准备

1. 幼儿已经初步了解节气的概念。
2. 在家长的支持下,已完成调查表《神奇的节气》。

活动过程

1. 复习农谚儿歌,导入活动。

● 教师:春天的节气歌,小朋友还记得吗?

幼儿回忆并集体朗诵春天的节气歌。

2. 分享调查发现,初步了解夏、秋、冬三季的节气。

● 小组交流:一年里还有哪些节气呢? 小朋友们都完成了调查表《神奇的节气》,请先和你们小组的伙伴说一说自己的调查发现吧。

● 大组分享:请每个组选派一位代表来介绍一下你们了解的节气和它的秘密。

● 教师根据幼儿的介绍逐一出示字卡。

● 教师：一年有二十四个节气，每个节气里的天气、动植物的变化都不同。农民伯伯根据气候的变化来安排施肥、除虫、播种、收割等事情。

3. 师幼讨论制作“节气身份证”。

● 教师出示范例并讲解：首先，在卡片的中央写上“立春”两个字，然后用橙色、黄色的太阳，表示“天渐暖”。这就是“立春”的“身份证”。

● 操作要求：请每个小朋友拿三张卡片，选三个你喜欢的节气，先照着黑板上写字，然后根据调查的结果，把这个节气最典型的特点画出来。

4. 交流、介绍自己的作品。

● 将幼儿制作的“节气身份证”按照顺序陈列在教室主题墙上，引导幼儿交流分享：

① 你为哪个节气制作了身份证？这个节气有什么特点？能用三个字概括，像“立春天渐暖，雨水雁河边”那样告诉我们吗？

② 你能看懂哪一张“身份证”？这个节气有什么特点，能用儿歌里的句式说一说吗？

● 提醒幼儿专心倾听，并学说同伴创编的句式。鼓励个别胆怯的幼儿在集体或小组群体中大胆介绍自己的作品。

活动延伸

教师将幼儿制作的“节气身份证”拍成图片，发到家长群中，鼓励幼儿向家庭成员介绍自己和同伴的作品并继续仿编儿歌句式。

3. 神奇的节气(节气歌)

活动目标

1. 能根据图谱学说《节气歌》,并乐意在集体中朗诵。
2. 合作制作《节气歌》图谱,积极探索更多关于节气的秘密。

活动准备

1.《节气歌》图谱。
2. 纸张、彩笔等。

活动过程

1. 回忆节气,导入活动。

● 教师:一年有二十四个节气,小朋友们都已经为它们制作了"身份证"。你们还记得是哪些节气吗?

● 根据幼儿的回答,每个节气出示一张“身份证”,幼儿逐一学说句式,组成儿歌图谱。

2. 根据图谱,学说儿歌。

● 教师:把这些节气连在一起,就是一首完整的《节气歌》。

教师指图朗诵。

师幼看图齐说儿歌。

教师说节气,幼儿接说内容。

幼儿看着字卡和图片学说儿歌。

遮挡部分图片,幼儿学说儿歌。

3. 小组合作,制作自己的《节气歌》图谱。

● 教师:这是老师用二十四张“身份证”组成的《节气歌》。小朋友们还画了好多“节气身份证”,想不想来编一首属于自己的《节气歌》?

● 每个组选一套“节气身份证”,也可以分工绘制新的“节气身份证”,按照顺序排列,贴在背景纸上,然后说一说自己编的《节气歌》。

● 每个小组展示制作的《节气歌》,并集体朗诵。

活动延伸

● 将小组合作编制的《节气歌》图谱张贴在主题墙上,幼儿自由活动时可以看一看、说一说。

● 鼓励幼儿继续收集关于节气的农谚,探索更多节气的秘密。

附农谚儿歌

节气歌

立春天渐暖,雨水雁河边。
惊蛰春雷响,春分麦起身。
清明断了雪,谷雨来种棉。
立夏天渐热,小满雀来全[①]。
芒种抢收种,夏至不纳棉[②]。

---

① “小满雀来全”,意思是小满期间田野里昆虫活跃,麻雀等鸟儿追逐而来。

② “夏至不纳棉”,意思是到了夏至就没有冷天了,棉衣可以洗晒收起来。

小暑不算热，大暑三伏天。
立秋早晚凉，处暑热午间。
白露瓜果香，秋分无生田[①]。
寒露雁南飞，霜降柿子甜。
立冬封了地，小雪河封严。
大雪江封上，冬至不行船。
小寒不太冷，大寒三九天。

4. 有趣的气象农谚(谚语)

活动目标

1. 了解农谚及其含义，理解农谚和生活的关系，尝试依据气象农谚来指导日常生活。

2. 体验农谚独特的语言形式，学说农谚。

3. 感受农民伯伯的智慧，培养热爱劳动者的情感。

活动准备

1. 丰富关于二十四节气的相关知识经验。

2. 请爷爷奶奶录制一些用方言表达的气象农谚，背景图，小图卡人手一份。

活动过程

1. 了解农谚。

● 幼儿欣赏故事。早晨，豆豆爷爷拿着锄头出门，豆豆跑过来问："爷爷，你今天去干什么呀？"爷爷说："今天天气好，我到地里种菜去。"豆豆奇怪地问："爷爷，你怎么知道的？"爷爷笑着说："朝霞不出门，晚霞行千里。"说完，就扛着锄头走了，只剩下豆豆独自嘟囔着："朝霞不出门，晚霞行千里？这是什么意思呀？"

● 教师：你们知道爷爷的话是什么意思吗？你们猜爷爷是怎么知道的？

幼儿根据句义大胆猜测谚语的含义。

● 教师：农民伯伯在生活中注意观察、总结，将得出的经验编成朗朗上口的话，我

① "秋分无生田"，意思是到了秋分时节，地里的庄稼都成熟了，可以收割了。

们把这些话称为“农谚”。

2. 欣赏农谚。

● 教师：除了刚才豆豆爷爷说的农谚，农民伯伯们还编出了许多的农谚呢，下面就让我们来欣赏吧！

欣赏农谚录音、图片或观看农谚视频。

● 提问：你听到了什么？明白哪一句的意思呢？

幼儿分组讨论，选择1～2个农谚，相互交流自己的理解。

3. 学说农谚。

● 教师和幼儿一起根据图片学说农谚。

● 教师：农民伯伯根据平时的观察编出了气象农谚，真的很了不起。

4. 猜猜农谚。

● 教师：农谚是农民伯伯在劳动中的经验。除了我们今天学的，小朋友们介绍的，还有很多。现在老师来说几个，请小朋友们猜猜这些农谚是什么意思？

幼儿大胆猜测，积极表达。

5. 联系生活。

● 教师：农谚是和农民伯伯的生活密切相关的，学习了这些农谚，对我们小朋友们的生活有没有什么帮助呢？比如——

看到蜻蜓在低低地飞，我们需要注意什么？是哪句农谚告诉你的？

早晨起床雾蒙蒙的，一会儿就散了，告诉我们什么？来自哪句农谚？

…………

农谚里面包含了很多生活的常识，当我们了解它们后，再加上细心的观察，就能了解天气的变化，提前做好出行或者劳动的安排了。在没有天气预报的古代，这对农民伯伯的生活和生产劳动很重要。

活动延伸

幼儿通过多种方式寻找农谚。

附农谚

1. 蜻蜓低飞，蚊子嗡嗡叫；蚂蚁搬家，鱼儿把水跳；燕子低飞，猪儿来衔草；鸡儿回家晚，鸭子欢声叫；风雨不久就要到。

2. 日落西北满天红，不是雨来就是风。

3. 早晨落雨饭后停，饭后下雨不得晴。

4. 早雾一散见晴天，早雾不散是雨天。

5. 要知明天热不热，就看夜星密不密。

……

5. 农谚大猜想（谚语）

活动目标

1. 猜想农谚，感受农谚简短流畅、便于流传的特点。
2. 能用较完整的语言表达自己对农谚的理解。
3. 对农民伯伯长期积累的农谚感兴趣，乐于传唱。

活动准备

1. 教师搜集一些当地的简单易懂的农谚。
2. 准备一些花生、蚕豆作为竞猜活动奖励。
3. 邀请熟悉农谚的爷爷奶奶来当评委。

活动过程

1. 复习气象农谚，导入活动。

● 教师：上次我们学了一些气象农谚，还记得吗？你们还找到了哪些农谚呢？

鼓励幼儿相互交流、介绍自己找到的农谚。

2. 游戏——农谚大猜想。

● 教师：前一次我们学的都是气象农谚，今天小朋友们又介绍了很多和节气、耕种有关的农谚。今天我们就来举行一个“猜农谚”比赛，老师是出题人，爷爷奶奶是评委，小朋友们如果猜对了意思，爷爷奶奶会发奖品哦！

难度一级农谚：

① 春不种，秋无收。

② 人靠饭养，稻靠肥长。

③ 收麦如救火。

④ 梨花白，种大豆。

⑤ 好种长好稻，坏种长稗草。

难度二级农谚：

① 人不勤俭不能富，马无夜草不能肥。

② 三年不选种，增产要落空。

③ 要想多打粮，苞谷绿豆种两样。

④ 饭后百步走，活到九十九。

⑤ 苞米种得浅，丢了主人脸。

难度三级农谚：

① 清明雨纷纷，植树又造林。

② 谷雨前和后，种瓜又点豆。

③ 春分燕归来，白露燕归去。

④ 春分秋分，昼夜平分。

⑤ 打蛇打在七寸上，庄稼种在节气上。

⑥ 数九歌：

一九二九不出手，
三九四九冰上走，
五九六九沿河看柳，
七九河开，八九燕来，
九九加一九，犁牛遍地走。

3. 分享奖品，感受快乐。

- 教师：你猜中了几个农谚？回家和爷爷奶奶、爸爸妈妈一起来猜农谚吧！

活动延伸

继续寻找农谚，猜农谚。

（二）备选素材

可以根据幼儿园所在的地域特色与季节，选择适合本土的农谚材料作为活动内容。

打春牛（民间传说）

相传古时候有个人叫句（gōu，音同“勾”）芒，在立春的那一天，他带领百姓翻土犁田，准备开始春耕播种。可老牛却躲在牛栏里睡觉，不听指挥。情急之下，句芒想出了一个办法：用泥土塑成一头牛，叫人们用鞭子抽打土牛。鞭声呼呼作响，惊醒了老牛，吓得它急急爬起来，跑到田里干活去了。

从此以后，每到立春日，人们都举行“打春牛”（也叫“鞭春牛”）的仪式，象征一年春耕的开始，也希望老牛多出力、多耕田，祝福一年有好收成。

关于节气的基本知识

节气指二十四时节和气候，是古人在农历历法的基础上，根据太阳运行周期订立的一种用来指导农事的补充历法，是汉族劳动人民长期经验的积累成果和智慧的结晶。

二十四节气包括：立春、雨水、惊蛰、春分、清明、谷雨、立夏、小满、芒种、夏至、小暑、大暑、立秋、处暑、白露、秋分、寒露、霜降、立冬、小雪、大雪、冬至、小寒、大寒。

其中反映四季变化的节气有：立春、春分、立夏、夏至、立秋、秋分、立冬、冬至八个节气。其中立春、立夏、立秋、立冬齐称“四立”，表示四季开始的意思。反映温度变化的有：小暑、大暑、处暑、小寒、大寒五个节气。反映天气现象的有：雨水、谷雨、白露、寒露、霜降、小雪、大雪七个节气。反映物候现象的有惊蛰、清明、小满、芒种四个节气。

节令歌

春雨惊春清谷天，夏满芒夏暑相连，
秋处露秋寒霜降，冬雪雪冬小大寒。
每月两节不变更，最多相差一两天，
上半年来六廿一，下半年来八廿三。

节气七言诗

二十四节有先后，下列口诀记心间：
一月小寒接大寒，二月立春雨水连；
惊蛰春分在三月，清明谷雨四月天；
五月立夏和小满，六月芒种夏至连；
七月大暑和小暑，立秋处暑八月间；
九月白露接秋分，寒露霜降十月全；
立冬小雪十一月，大雪冬至迎新年；
抓紧季节忙生产，种收及时保丰年。